생명과학자의 신앙 에세이

생명을 나누는 타원형교회

생명과학자의 신앙 에세이

생명을 나누는 타원형교회

2012년 12월 20일 인쇄
2012년 12월 30일 발행

저 자 / 양재섭
발행인 / 문정구
발행처 / (주)바이오사이언스출판
신고번호 / 제22-3079호
137-060 서울시 서초구 효령로2길 10 201호
TEL: (02)581-4057~8
FAX: (02)581-4059
편집부 | edit@biobooks.co.kr
영업부 | sales@biosciencepub.com
주 문 | order@biosciencepub.com
홈페이지 | http://www.biobooks.co.kr
ISBN: 978-89-6824-000-3
값 8,500원

생명과학자의 신앙 에세이

생명을 나누는 타원형교회

양재섭 지음

(주)바이오사이언스출판

차 례

생명과 교회에 대한 짝사랑 고백

생명과학 공부하는 일을 직업으로 삼고 살아오면서 생명의 하나님을 표현하고 싶은 작은 소망이 있었습니다. 오래전 이야기입니다만, 대학생시절 영락교회 대학생회 여름 수련회 때에 모든 회원들이 전공하는 책을 한 권씩 가지고 와서 제단을 쌓아놓고 수련회 기간 내내 각자 삶의 자리에서 어떻게 그리스도인으로 살아야 하는지 고민했던 추억이 있습니다. 이 경험 덕분에 전공과 신앙생활을 연결하는 문제를 늘 염두에 두면서 살게 된 셈입니다.

20세기가 엄청난 과학의 발전을 이뤄내면서 부가 축적되고 생활의 편리성이 증대되었지만 다른 한 편에서는 생명존엄성이 위기에 직면하게 되어 생명과 평화의 문제가 교회의 중요한 과제로 제기되었습니다. 다행히 대한예수교장로회 총회는 생명살림의 주제를 정하여 신학을 정립하고 운동을 전개하여 방향 설정에 비교적 성공하였지만 사회는 여전히 자살과 폭력 등으로 생명의 위기는 더욱 깊어지고 있습니다. 뿐만 아니라 교회 역시 생명과 정의와 평화의 공동체로서의 역할이 작동되지 않고 있습니다. 간간히 애쓰고 노력하는 소수의 남은 자들의 모습에서 그나마 희망의 끈을 붙잡아보게 됩니다.

이 책은 어떤 기획의도를 가지고 체계적으로 만든 것은 아닙니다. 그때그때마다 청탁을 받아 쓴 글들을 모아서 꾸렸는데, 부족한 필자에게 글을 써달라는 편집자들의 부탁을 강하게 사양하지 못해 쓴 글이고 대부분은 급하게 쓴 글들입니다. 그렇다 보니 고치고 싶은 부분도 있고 나름 한번은 정리를 하고 넘어가야 하겠다는 생각이 들어 부끄러운 줄도 모르고 책을 내게 되었습니다. 흔히 에세이라는 것이 형식에 구애됨이 없이 생각나는 대로 쓰는 자유스러운 글이라고들 하는데, 주제넘게 쓴 글에 대한 변명으로 이 상식을 내세우는 무례에 대해 독자들의 관용을 바랍니다. 그저 그리스도인으로 살아보려고 애쓰는 한 평신도가 교회와 사회에 대해 가지고 있는 생각의 조각들을 슬며시 내보이는 것이려니 여기시고 넓은 마음으로 편안하게 대해주시기를 바랍니다.

'타원형 생각'은 차이와 다름을 인정하고 함께 사는 삶을 지향하는 사고방식을 기하학에서 따온 것입니다. "두 점에서의 거리의 합이 일정한 점의 자취"라는 기하학의 정의를 한 번쯤 검색해보시고 고교시절의 교과서를 떠 올리며 즐기시면 좋겠습니다. 한 쪽이 길어지면 다른 한 쪽은 짧아지지만 서로 양보하고 서로를 보듬으면서 타원을 이루어나가는 원리입니다. 원은 중심이 한 개여서 누군가가 독점할 수밖에 없는데 비해 타원형은 두 개의 초점을 가지고 있어 나눌 수 있다는 생각을 하면서 너무 신기해하고 즐거워했던 대학시절이 그리워지기도 합니다. 교회도 타원형적 사고를 적용하여 공동체를 운영한다면 성서적 의미를 충분히 살릴 수 있다는 소박한 기대감을 가졌습니다. 생명살리기운동의 기본신학서인 『하나님나라와 생명살림』(한국장로교출판사)의 저술에 참여하면서 타원형교회론을 제안하였고 그 후 포럼, 심포지엄 등에서 발제하고 토론하였습니다. "타원형교회는 한마디로 나눔과 섬김이 기본이 되는 생명살림의 교회이며 루터의 만인제사장설을 기본으로 삼고 교회 안에서 모든 사람이 하나님의 백성(laos)으로서 평등하게 사역하는 평화공동체를 지향"(본문 중에서)합니다.

전체를 다섯 부분으로 나누어 배열하였습니다. 그러나 정확한 분류도 아니고 어차피 모아 놓은 글이기에 눈에 띄는 제목이 있으면 가벼운 마음으로 훑어보시면 될 것입니다. 1~3장과 6장은 한국장로신문과 평신도신문에 칼럼, 시론, 사설 등으로 게재했던 글들입니다. 또 몇 편은 기독교사상에 기획특집으로 게재했던 두 개의 긴 글을 여러 개로 나누어 읽기 편하게 만든 글들 입니다. 4장은 생명살림 포럼에서, 또 사랑의교회 교수선교회와 숭실대학교 한국기독교문화연구소가 공동 주최한 2008년 지식인 선교신앙 심포지엄에서 발제한 원고를 네 개로 쪼개어서 다시 정리하였습니다.

영광스럽게도 한국교회의 큰 어른 두 분 목사님께서 추천의 글을 써 주셨습니다. 손인웅 목사님은 목회와 신학을 겸비하신 분으로 생명목회를 실제로 이루어 내셨고 교파를 초월하여 생명과 평화운동을 주도적으로 지도하고 계시는데, 기회가 있을 때마다 천학비재한 필자에게 힘과 용기를 주셨습니다. 타원형교회론에 대한 손인웅 목사님의 격려는 담임선생님의 칭찬을 듣는 초등학생처럼 늘 저에게 큰 기쁨이었습니다. 또 손달익 목사님은 사회로부터의 비판적 위협에 고민하는 한국교회를 의연하게 그리고 지혜롭게 지켜내는 복음의 수호자로서 사명을 다하고 계시는 분으로 한국교회에 대한 예리한 분석과 예언자적 대안 제시를 통해 희망을 주시는 분입니다. 상상을 초월하게 바쁘신 총회장님의 일정을 감안하면 추천의 말씀을 써주시는 것이 사실상 불가능에 가까운 일로 예감되어 감히 부탁드리기를 망설였는데 선뜻 승낙해 주셔서 과분한 사랑의 빚을 지고 말았습니다. 두 분 목사님의 사랑을 평생 잊을 수 없을 것입니다.

원고를 쓰도록 기회를 주신 많은 분들의 성원이 있었기에 이 조그만 책이 나왔습니다. 일일이 성함을 표시하기 어려울 만큼 멀고 가까이에 계시는 많은 신앙의 선배들과 동지들의 따스한 지원을 잊지 못하며 한데 모아서 감사드리는 결례를 용서하시기 바랍니다. 원고가 실릴 때마다 가장 열렬한 독자를 자칭하셨던 어머니 김순영 권사님(순천중앙교회)과 경륜에 넘치는 비평을 해주신 아버지 양경환 장로님(전 순천노회장. 순천중앙교회 원로장로)의 한없는 사랑을 가슴에 새기며, 또 모든 원고에 대해 꼼꼼한 수정과 날카로운 촌평으로 도와준 아내 김현복 권사(효목제일교회)에게 쑥스럽지만 고마운 마음을 빼놓을 수가 없습니다. 한국사회의 고민과 폐해를 온몸으로 받아드리며 새 희망을 일구어내는 일에 여념이 없는 사랑하는 아들 준석이와도 생각을 공유하고 싶습니다. 특별히 교회다운 교회와 현실 목회 사이에서 늘 고뇌하시던 고 서성훈 목사님과 가장 가까운 곳에서 함께 신앙의 길을 걷는 효목제일교회 교우들의 따뜻한 정을 마음에 담아놓겠습니다. 생명과학서적 전문 출판사인 (주)바이오사이언스출판사가 예외적으로 출판을 허락해 주시고 도와주셔서 이 책이 예쁜 모습으로 태어났습니다. 문정구 사장님과 홍수희 팀장님을 비롯한 편집진 여러분께 깊은 감사의 마음을 전합니다.

부피도 작고 만만하게 대할 수 있는 작은 책이고 싶었습니다. 그렇게 봐 주시면 감사하겠습니다. 여기저기에 모자란 모습이 나타날 것이 너무도 명약관화합니다. 원래 짝사랑은 어리석기도 하고 맹목적적이기도 합니다. 그런데 실패할 염려가 없다는 장점도 있답니다. 부족한 부분은 독자 여러분의 고매한 지혜와 지식으로 채워주시기 바랍니다. 또 기회가 되는대로 나무라시는 글을 보내 주시면 겸손히 받아드리겠습니다. 교회를 사랑한다는 핑계로 어리석은 작업을 한 것은 아닌지 슬슬 걱정이 되기 시작합니다. 그런데 사랑은 무죄라니 슬며시 그냥 넘어가 주시면 고맙겠습니다. 『생명을 나누는 타원형교회』가 한국교회의 미래를 잘 설계하는데 조그마한 실마리라도 된다면 더 이상 바랄 것이 없겠고 이를 통하여 하나님의 영광이 드러나 온 세상이 그리스도인으로 가득 채워지는 소박한 꿈을 가져 봅니다. 시기적으로 세계교회협의회(WCC) 제10차 부산총회가 바로 눈앞에 다가왔습니다. 한국교회가 결정적으로 변화할 수 있는 획기적 기회가 되기를 간절히 기도합니다. "생명의 하나님, 우리를 정의와 평화로 이끄소서!"

2012년 12월

양재섭 드림

영성과 지성과 덕성의 큰 울림을 주는 생명지킴이

손인웅 목사
(덕수교회 원로목사, 생명신학협의회 대표회장)

생명을 사랑하는 사람들은 생명사랑 안에서 서로 만날 때 오랜 친구처럼 만나게 됩니다. 그것은 태곳적부터 시작된 생명의 움직임에 동참하고 있기 때문입니다. 20여 년 전부터 교계에서, 학계에서, 사회활동을 통해서 양재섭 박사님을 알게 되었습니다. 그를 만날 때마다 밝고 참신한 인상을 받았고, 무엇인가 탐구하는 자세를 갖고 무엇인가를 만들어내고자 하는 창발성을 보며 항상 기대감을 가지게 해서 좋았습니다.

뷔퐁이 "문장은 사람이다"라고 말했듯이 양재섭 박사님의 글을 읽으면 바로 양재섭을 만나는 기쁨을 누리게 됩니다. 그 동안 예장총회에서 주로 생명살리기운동에 관한 여러 가지 프로그램을 통해 자주 만나고, 토론도 하고, 그 분의 명강의를 듣기도 하였습니다. 지금까지 양박사께서는 생명신학협의회를 창립할 때에도 창립 멤버로 동참하여 공동운영위원장으로, 한국생명윤리학회 편집위원장, 한국유전학회 회장으로 자연과학과 인문학을 넘나들며 생명과 평화, 그리고 사회통합운동을 전개하였습니다. 영남신학대학교에서도 강의하셨고 생명살리기운동10년위원회 전문위원 등으로 10여 년간 참여하셨습니다. 양재섭 박사께서는 생명의 근원이신 창조주 하나님에 대한 경외심으로 살아오셨고, 생명에 대한 신앙고백적인 사랑뿐만 아니라 생명 문제를 과학적으로 탐구하는 생명과학자로서 진화와 창조를 하나로 묶어내는 창조신학자입니다.

또한 양 박사께서는 생명윤리학자로서 생명을 조작의 대상으로부터 수호하여 사랑의 대상으로 높이는 사랑의 연금술을 발전시키는 데 생애를 바쳤습니다. 기독교 신앙의 근간은 창조 신앙이라는 확실한 성서의 뿌리를 갖고서 생태계를 무한대로 개발하고 지배하려는 탐욕을 물리치고 하나님의 창조 세계를 보존하는 생태파수꾼의 역할을 성실하게 감당하고 있습니다. 무제한적으로 에너지를 사용함으로써 뜨거워지는 지구를 구출하기 위해서 목이 터지도록 경고하는 활동을 하고 있기도 합니다. 특별히 목숨 걸고 돈을 버는 생명자본주의자이거나 유사유물론자들과 싸우면서 생명을 지키는 지킴이 이십니다. 생명은 절대적 가치를 지니고 있기에 어느 누구도 마음대로 조작하거나 변동시키거나 마음대로 주물러서는 안 된다고 선전포고를 하고 있는 것입니다.

양 박사께서는 창조주께서는 창조의 방법론으로서 진화의 메커니즘을 이용하실 수 있으며, 진화의 메커니즘을 조절하는 것은 하나님의 무한한 능력에 속한 것이기 때문에 진화를 인정하는 것은 하나님의 무한한 능력을 믿는 것이라고 주장하고 있습니다. 또한 성장지상주의의 유혹에 빠진 세계교회와 한국교회는 하루빨리 회개하여 지속가능한 성장지수를 높이고 아울러 영성지수를 고양하여 하나님사랑, 이웃사랑이라는 복음의 진수를 깨닫고 실천함으로써 교회를 살려야 한다고 역설하고 있습니다. 이를 위하여 교회는 그리스도의 복음의 본질을 사수하고 전파하며 실천함으로써 지속가능한 교회로 자리매김을 해야만 할 것입니다. 양 박사께서 정립한 "타원형교회" 이론은 바로 양재섭 트레이드 마크라고 할 수 있습니다.

양 박사께서는 타원형교회를 알기 쉽게 설명하기를, 원 두 개를 합친 것이라고 합니다. 타원은 초점이 둘이기 때문에 대립적이라고 생각하는 두 요인을 모두 포용할 수 있다는 것입니다. 타원형사회는 다름의 위치에 있는 사람들이 서로를 인정하면서 한 마음으로 전체를 이루어 나가는 공동체라는 것입니다. 타원형 구조는 원형 구조의 경쟁과 독점, 억압과 지배구조를 탈피하여 두 개의 중심성을 통한 조절과 조화가 가능합니다. 인간과 자연, 성직자와 평신도, 남성과 여성, 젊은이와 노년, 장애인과 비장애인, 의사와 환자, 생산자와 소비자, 교육자와 피교육자, 정치권력과 시민권력 등 이들의 상호작용과 상호살림의 정신을 바탕으로 살아가는 생명공동체를 말하고 있습니다. 타원형교회는 나눔과 섬김이 기본이 되는 생명살림의 교회요, 교회 안에서 모든 사람이 하나님의 백성으로서 평등한 평화공동체를 지향한다고 했습니다. 타원형교회는 갈등 구조를 화해 구조로, 가짐의 가치를 나눔의 가치로, 생명죽임으로부터 생명살림으로 패러다임을 전환시키는 시대적 사명을 다하는 교회입니다. 타원형교회는 “교회의 선교”로부터 “하나님의 선교”로 전략을 수정하고 평신도의 잠재력 확인에 주력할 때 지속가능한 성장이 보장될 것이라고 강조하고 있습니다. 생명을 나누는 타원형교회가 항상 개혁하는 교회의 표본으로서 하나님의 교회의 상징이 될 것이라고 전망하고 있습니다.

양 박사께서는 정의, 생명, 평화 문제를 깊이 있게 다루면서 생명의 위기는 생태학적 위기에서, 정의의 위기는 경제정의가 붕괴된 것으로부터 비롯되어 빈익빈 부익부 격차가 심해짐으로 야기된다고 보았습니다. 그래서 사회붕괴의 위기를 극복하기 위해서 경제정의를 실현함으로써 소외계층이 없어지도록 하고 가난의 문제를 해결하는 것이 교회의 중요한 사명이라고 하였습니다. 또한 세계평화가 깨어지는 위기를 극복하기 위해서 교회는 샬롬의 복음선포와 평화운동을 전개하여 평화가 정착되는 데 최선을 다해야 한다고 역설하고 있습니다. 양재섭 박사께서는 생명, 정의, 평화는 이 시대에 있어서 꼭 실현해야 할 기독교 최고의 보배로운 가치의 결정체로 볼 수 있다고 주장하고 있습니다. 교회가 세상에 무엇을 줄 수 있는가를 묻는다면, 생명과 정의와 평화를 실현해 보이겠다고 고백할 수 있어야 한다고 강조하면서 생명과 정의와 평화를 하나의 사슬처럼 연결된 것으로 보고 있습니다. 그 중에 하나가 파괴되면 전체가 부서지는 연대성을 가지고 있다는 확신을 보여주고 있습니다. 교회는 생명과 정의와 평화를 연결해서 배우고 실천하는 십자가를 지고 가야만, 영광의 면류관도 얻게 될 것이라고 말합니다. 창조질서 보전의 실천적 과제를 위해서는 탐욕을 절제하면서 더불어 살아가는 공생공빈(共生共貧)의 길을 걸어야만 한다는 것입니다.

마지막으로 양 박사께서는 세계교회는 하나의 교회라는 에큐메니칼 신학과 신앙의 신념을 가지고 온생명사상과 모든 피조물의 연대를 강조하고 있습니다. 특별히 2013년 10월에 부산에서 열리는 세계교회협의회(WCC) 제10차 총회의 "생명의 하나님, 우리를 정의와 평화로 이끄소서"라는 주제를 1년 전부터 심도있게 다루는 "생명신학협의회"의 공동위원장, 전문위원으로 활약하고 있습니다. 그리고 이번에 이 대회를 준비하기 위해서 집필한 『생명을 나누는 타원형교회』는 세계교회의 심각한 관심사와 지구공동체의 모든 문제들을 심도있게 다룬 역작입니다. 문제제기와 해결을 위한 대안제시까지 함으로써 생명과학과 생명신학 분야에서 길을 묻는 목회자와 신학도, 평신도들, 그리고 비기독교인들에게까지 좋은 지침서가 될 것입니다.

양재섭 교수, 장로, 박사라는 호칭과 함께 양재섭 형제라는 친근한 호칭에 걸맞게 그는 모든 계층, 모든 사람들의 친절한 친구입니다. 그의 생명사랑과 교회사랑, 겨레사랑의 정신이 살아 숨 쉬고 있는 문필가의 생명력 있는 에세이를 통해서 많은 사람들의 영성과 지성과 덕성의 큰 울림을 줄 것이라 확신하며 감히 이 책을 자랑스럽게 추천합니다.

2012년 12월

외로운 생명사랑의 길을 감사와 기쁨으로 묵묵히 감당하는 구도자

손달익 목사
(대한예수교장로회 총회 총회장)

한 사람의 글에는 숨길 수 없게 글쓴이의 삶과 정신이 드러나게 되어 있습니다. 글쓴이의 냄새가 나는 법입니다. 『생명을 나누는 타원형교회』라는 제목의 책에는 평생을 생명과학자로 살아온 저자 양재섭 장로님의 생명사랑의 신앙 이야기가 신앙고백적으로 담담히 기록되어 있습니다. 그 스스로가 밝히신 것처럼 저자는 평생을 생명과학자로 살았고 후학들을 가르치는 교수였으며 한 지역교회를 섬기는 신실한 장로이기도 했습니다.

이런 저자의 정체성은 생명의 위기를 고민하고 생명살림의 삶을 어떻게 실천할지를 두고 순례자적 삶을 살게 했습니다. 이 고민으로 인하여 그는 몸담고 있는 대학과 교회의 범주를 넘어서서 한국교회 내에서 그리고 한국 사회 안에서 생명운동의 불을 지피기 위한 힘든 삶을 살게 만들었습니다. 그러나 곁에서 지켜본 그의 모습은 이 외로운 생명사랑의 길을 감사와 기쁨으로 묵묵히 감당하는 구도자의 모습 그 자체였습니다.

이런 삶의 궤적을 보여 온 저자가 한 과학자의 입장에서 또는 한 시대를 살아가는 지식인의 입장에서 그리고 하나님의 뜻을 헤아리고 순종함을 삶의 중심으로 여기는 경건한 한 신앙인의 관점에서 평소 늘 생각하고 고민하고 주변과 나누었던 글들을 묶어 한 권의 책으로 펴내게 된 것은 너무나 감사하고 우리 모두에게 복된 일입니다.

그의 글에는 해박한 생명과학의 지식에 기반한 생명의 위기와 이를 극복하기 위한 실천적 논리들이 설득력 있게 전개되어 있습니다. 동시에 그의 글들 속에는 하나님의 피조물들인 생명들을 살려내는 일에 무관심하거나 소홀한 오늘의 교회 공동체를 향한 긍휼 넘치는 마음으로 보내는 고언들이 가득합니다. 때로는 과학자의 세밀함으로 말하기도 하고 때로는 신학자의 원칙적 입장을 대변하기도 합니다. 때문에 이 책을 읽는 사람으로 하여금 저자는 신앙인의 생명사랑의 근본이론과 실천방안 그리고 열정의 전체를 통전적으로 파악할 수 있도록 안내하고 있습니다. 최근 전 세계 교회의 공통의 관심사는 '생명'에 집중되고 있습니다. 내년 부산에서 열리는 제10회 세계교회협의회(WCC) 총회의 주제도 "생명의 하나님, 우리를 정의와 평화로 이끄소서"입니다. 이런 시기에 펴낸 저자의 『생명을 나누는 타원형교회』는 세계 교회가 고민하는 문제들을 앞서 고민하고 묵상해 온 저자의 해법들이 제시되어 있습니다. 각 제목에 따른 짧은 에세이 형식의 글들이지만 그 내용들은 한 편의 논문을 읽는 것처럼 무게가 있고 선비의 꾸지람을 듣는 것 같은 추상같음이 서려 있기도 합니다. 새로운 목회 패러다임을 찾는 목회자들과 신앙의 본질에 목말라하는 모든 신앙인들에게 반드시 일독을 권하고 싶을 뿐 아니라 널리 알려 저자의 신선한 생명사랑의 영성을 함께 공유하고 싶은 마음으로 저자와 마음을 함께 하게 되었습니다.

그의 책을 추천하기에 앞서 '인간 양재섭'을 한국교회 앞에 추천하기를 원했던 저로서는 저자의 저서에 마음을 함께 나누게 됨을 큰 영광과 즐거움으로 여기고 있습니다.

이 글들을 쓰신 저자와 그의 글을 대하는 모든 독자들에게 생명의 주인이신 삼위일체 하나님의 은총이 풍성하시기를 기원합니다.

2012년 12월

I

생명을 깨달아

땅에서 물이 솟아서, 온 땅을 적셨다. 주 하나님이 땅의 흙으로 사람을 지으시고, 그의 코에 생명의 기운을 불어넣으시니, 사람이 생명체가 되었다.

창세기 2:6~7

1. 인간아, 네 유전자가 어디에 있느냐?

하루가 멀다하게 생명공학에 관한 뉴스들이 쏟아져 나오고 있다. 신문을 읽다 보면 일간신문인지 과학전문 신문인지 헷갈릴 때가 많을 정도이다. 우리가 살고 있는 시대상은 말할 것도 없거니와, 인류의 역사는 과학의 역사라 할 만큼, 인간생활에서 과학이 차지하는 비중은 대단히 크다고 아니할 수 없다.

언젠가 어느 신학자가 "현대의 사제(司祭) 자리는 과학이 차지하고 있다"고 자조적으로 말하던 것이 기억난다. 교회에서 선포되는 메시지는 힘을 발휘하지 못하는데, 과학자가 하는 말은 그대로 진리가 되는 판국이니, 그렇게 말하는 것도 무리는 아닌 듯하다. 한마디로 현대는 누가 뭐래도 '과학의 시대'(age of science)인 것이며, 그 과학의 중심에는 생명공학이 우뚝 서 있다. "지난 40년간 가장 위대한 지적 혁명은 생물학에서 일어났다. 오늘날 분자생물학을 잘 모르는 사람을 누가 교육받은 사람이라고 하겠는가?” 하버드대학교 명예교수인 웨스트하이머(F. H. Westheimer)가 던진 이 물음에서 오늘의 시대적 사조를 엿볼 수 있다.

한때 ‘황우석 신드롬’이라고 말해질 정도로, 한국의 생명공학기술은 세계적인 관심거리가 되었었다. 국내 언론의 절대 우호적 논조와 당시 한국정부의 3만 달러 국민총생산을 향한 부푼 꿈에 힘입어, 황우석 교수가 주도하는 배아줄기세포연구는 거침없는 항해를 계속하였다. 난치병에 시달리며 고통스러워하는 이들에게는 그것이야말로 생존의 소망으로 각인되기도 했지만 생명윤리와 연구윤리의 위반이라는 불명예와 함께 기억에서 사라졌고 생명에 대한 깨달음을 재촉하는 계기가 된 것이 그나마 순기능이라면 순기능이다.

그렇다. 인간을 포함한 생명체의 이치는 그렇게 간단히 다룰 성질이 아니다. 생물학적으로 말해서, 현재 존재하는 모든 생물종은 최적의 상태로 살아남기 위해 오랜 세월 진화를 거친 산물이라 하겠다. 말하자면 그러한 시간성이 곧 생명의 질서이며, 하나님의 창조 질서이기도 한 것이다. 이렇게 지난(至難)한 시간성을 단번에 무너뜨리면 엄청난 위험이 야기될 수도 있다. 몇천 년 동안 인류가 경험한 것을 토대로 만들어진 한약에 아스피린을 타먹는 격이라고나 할까? 간간이 보고되는 생명공학의 부정적 사례들은 진화의 오랜 시간을 거스를 때에 인류에게 어떠한 재앙이 야기될 수 있는지를 충분히 보여준다. 가령, 인간의 성장호르몬 유전자를 삽입하여 태어난 '슈퍼돼지'는 관절염과 궤양 증세 및 시각 장애를 보였고, 교미를 할 수 없는 것으로 나타났다.

종과 종 사이의 장벽만이 문제가 아니다. 같은 종에서도 생명체 간의 장벽은 엄연히 존재한다. 다른 물고기의 유전자를 삽입하여 최대한 빨리 성장하도록 만든 '슈퍼연어' 역시 괴물같이 큰 머리를 갖고 태어났으며, 제대로 보지도 먹지도 숨 쉬지도 못한 채 죽어버렸다. '세계 최초'의 체세포 복제 동물인 돌리는 6살 되던 해에 진행성 폐질환과 관절염 등을 이유로 안락사 당했고, 2000년 4월 태어난 호주

최초의 복제양 마틸다는 불과 3년도 채 넘기지 못하고 돌연사했다.

생명은 하나님이 주신 선물로서, 절대 존엄의 대상이다. 유전자 속에는 그런 생명의 설계도가 고스란히 보관되어 있다. 말하자면 유전자는 바로 생명 그 자체를 과학적으로 설명해 주고 있다. 그렇기에 유전자에 손을 댄다고 하는 것은 하나님께 대한 최후 도전이라고 할 수 있다. 유전자는 결코 따먹어서는 안 되는 열매이다.

선악과를 따먹은 인간에게 하나님은 “아담아, 네가 어디 있느냐?”는 물음으로써 그 범죄를 추궁하셨다. 그리고 형제 살해를 감행한 인간에게는 “가인아, 네 아우가 어디 있느냐?”고 두 번째 물음을 던지셨다. 신약학자 김창락 교수는 생태계 위기를 초래한 현대인들이 세 번째 물음, 곧 “인간아, 자연은 어디에 있느냐?”는 질문 앞에 서 있다고 말한 바 있다. 그렇다면, 여기에 덧붙여 하나님은 생명공학의 무한질주를 방관하고 있는 우리에게 “인간아, 네 유전자는 어디에 있느냐?”고 네 번째 질문을 던지실 법하다.

하나님과의 유기적 관계를 스스로 끊어버린 아담은 두려워 숨고, 하와에게 책임을 미루는 것으로 죄책을 모면하려고 했지만, 가인은 좀 더 대담하게도 “내가 내 아우를 지키는 자입니까?”하고 반발하면서 하나님께 도전한다. 자연과의 유기적 관계에서 독립해 나와 자연 정복의 역사를 써내려간 인간은 이제 생명공학 시대에 이르러 스스로 '하나님 놀이'를 할 만큼 당돌해졌다. 생명의 프로그램(life program)인 유전자의 소유권이 자연으로부터 실험실로, 그리고 기업으로 넘어간 지금, 이 시대의 인간은 어느 누구도 "네 유전자가 어디에 있느냐?"는 하나님의 책임 추궁으로부터 자유로울 수 없을 것이다.

우리는 하나님 앞에 겸손히 서야 할 시점에 와 있다. 생명은 조작의 대상이 아니고 사랑의 대상인 것을 깨달아야만 할 것이다. 지금 우리에게 절실히 필요한 것은 생명을 복제하는 기술, 곧 '생명연금술'(algeny)이 아니라, 생명을 아끼고 사랑하는 기술, 곧 **'사랑연금술'(alovy)**이라는 생각이 든다. 이제야말로 이 시대를 사는 우리 모두가 '생명 지킴이'라는 인식을 갖고, 과학만능주의라는 신흥 종교로부터 생명을 지킬 때이다.

2. 생태계! 창조신앙의 현장

도심 속 학교가 교외로 이전하면, 그 땅은 어김없이 고층 아파트 부지로 변신한다. 예산이 부족한 교육 당국과 빽빽이 집을 지어 한몫 보려는 건설업자의 이해타산이 맞아 떨어진 결과일 것이다. 학교가 이전할 때마다 그 자리에 시민들을 위한 푸른 공원이 조성된다면 얼마나 좋을까 하는 순진한 공상을 해본다.

최근 복원된 청계천의 물줄기를 바라보는 마음이 착잡한 것도 그 때문이다. 당장 이익에만 매달려 자연을 훼손한 대가로 차후에 그것을 회복하는데 희생된 비용이 얼마나 엄청난지를 새삼 깨닫게 해준다. 소탐대실(小貪大失), 곧 적은 것을 얻기 위해 큰 것을 잃는다는 고사성어가 딱 이런 경우를 두고 하는 말이 아닐까? 당장 편리해지고 풍요로워진다는 들뜬 기분에 사로잡혀 개발에 힘쓴 결과, 후손들은 환경오염과 자원고갈이라는 엄청난 부담에 시달려야 한다. 얼핏 생각에 청계천을 덮어 자동차 도로로 사용하면 편리하고 경제적일 것 같아 그렇게 하였다가 엄청난 대가를 치르고 다시 원래대로 되돌려 놓느라 야단법석을 하였다. 원래대로의 완전회복은 어렵지만 그나마 다행이다. 미국에서 최근 수십 년 동안 댐 없애기가 중요한 국가(주)정책의 하나로 부각된 것도 그러한 깨달음의 발로였다.

그럼에도 불구하고 개발과 성장에만 혈안이 되어 있는 우리 자신을 볼 때 안타깝기 그지없다. "욕심이 잉태하면 죄를 낳고, 죄가 자라면 죽음을 낳습니다."(야고보서 1:15)라는 성경말씀이 무서운 경고로 들리는 것은, 그만큼 지구의 운명이 위태롭기 때문일 것이다.

대기오염으로 맑은 공기를 잃어버리고, 수질오염으로 깨끗한 물을 볼 수 없으며, 토양오염으로 비옥한 땅을 상실한 상황에서 생명체의 의미는 과연 무엇인가? 창세기가 서술한 생명체의 정의는 절묘하기 그지없다. "**땅**에서 **물**이 솟아서, 온 땅을 적셨다. 주 하나님이 **땅**의 흙으로 사람을 지으시고 그의 코에 생명의 **기**운을 불어 넣어 주시니, 사람이 생명체가 되었다."(창세기 2:6~7) 생명체의 기본적 구성요소가 땅과 물과 공기라는 이야기다. 맑은 공기, 깨끗한 물, 정갈한 땅 없이는 생명도 없다.

미국 캘리포니아대학(UCLA)의 과학기술사 교수였던

린 화이트(Lynn White, Jr,)는 1967년 미국의 저명한 과학 기술지인 『사이언스(*Science*)』에 “생태학적 위기의 역사적 뿌리”라는 제목의 논문을 발표하여 세계적인 관심을 불러 일으켰다. 그 논문의 요지는, 현재 우리가 당면하고 있는 생태학적 위기의 주범이 바로 기독교라는 것이다. 기독교는 인간중심적 세계관을 바탕으로 자연을 정복하고 착취하는 길을 열어주었는데, 기독교 문화가 서양 문화를 지배함으로써 결과적으로 자연 파괴가 가속화되었다는 지적이다. 이 논문이 나오자, 일부 기독교인들은 그의 주장이 침소봉대라며 발끈하였지만, 사실 따지고 보면 그렇게 틀린 말도 아님을 인정할 필요가 있다. “땅을 정복하고 다스려라”는 창세기의 말씀을 문자 그대로 해석하여 자연을 소홀히 한 책임을 어찌 부정할 것인가?

그러던 차에 세계 교회가 생명살림을 화두로 삼아 대응하기 시작한 것은 대단히 반가운 일이다. 일찍이 1983년 캐나다 밴쿠버에서 열린 세계교회협의회(WCC) 제6차 총회는 “예수 그리스도, 세상의 생명”을 선포하였으며, ‘정의 · 평화 · 창조의 보전(Justice, Peace and Integrity of Creation; JPIC) 운동’을 제창하였다. 이러한 운동을 통하여 하나님과 인간의 관계, 그리고 인간과 인간의 관계에만 주목하였던 세계 교회가 하나님과 세계 및 인간과 자연의 관계에도 관심을 갖기 시작하였던 것이다.

새로운 밀레니엄을 눈앞에 두고서 대한예수교장로회 총회도 대단히 시의적절한 움직임을 보여주었다. 1996년 80회 총회에서 〈21세기 교단발전을 위한 정책개발위원회〉를 구성하고 본격적으로 21세기를 준비하는 활동을 시작하였는데, 드디어 1999년 83회 총회에서 21세기 교단의 지향점을 "하나님의 영광을 위하여 모든 피조물이 더불어 살아가는 지구생명공동체"로 설정하기에 이른 것이다. 그 여세를 몰아 2002년부터는 본격적으로 '생명살리기운동10년'을 가동시키고 있는 중이다.

사실 기독교 신앙의 근간은 창조신앙이다(창세기 1:1). 생태계를 무한대로 개발하여 지배하려는 탐욕에서 벗어나 하나님께서 창조하신 만물을 가꾸고 보존하는 생태감수성을 지키려는 마음이야말로 이 시대를 살아가는 참 신앙인의 자세일 것이다.

3. 지구는 뜨거워지는데

그 이름은 카트리나…… 아름다운 여인을 연상시키는 이 단어가 세계 초강대국 미국을 혼돈과 공포에 빠뜨렸다. 우리 시대 최고의 문명과 문화를 뽐내는 미합중국 루이지애나 뉴올리언스에 불어닥친 허리케인을 두고 하는 말이다.

카트리나가 할퀴고 지나간 흔적은 그야말로 목불인견(目不忍見), 완전 쑥대밭이 되어 버렸다. 수많은 집과 자동차가 물에 잠기고 1만여 명 이상이 사망했을 것이라는 예측만 무성할 뿐, 요즘 같은 디지털 세상에서 정확한 사망자의 숫자조차 파악하기 어려운 지경이라니, 가히 그 참상을 짐작할 만하다.

거리에는 쓰레기와 배설물이 뒤섞여 있고, 온갖 시신들이 널려 있다. AP통신은 이 광경을 "뉴올리언스에 죽음의 냄새가 가득하다"고 침통하게 보도하였다. 자연재해는 그것에 미처 대비할 능력과 자원이 부족한 아시아 혹은 아프

리카의 어느 후미진 구석에서나 일어나는 일인 줄 알았는데, 그런 게 아니었다. 어쩐지 지구촌 전체가 폭삭 가라앉아 금방 끝장이라도 날 것 같은 불길한 예감마저 든다.

미국의 심장부에서 미국이 주도하는 문명의 흐름에 대해 항상 예리한 비판의 칼날을 들이대던 문명비평가 제레미 리프킨은 절묘한 타이밍으로 이렇게 꼬집는다. “살인폭풍 카트리나는 늘어난 이산화탄소 배출과 지구온난화의 엔트로피 계산서”인데, 이 비밀을 워싱턴 당국이 은폐하려 한다고……. 지난해 겨울 서남아시아를 휩쓸었던 쓰나미에 이어, 이번에 미국 남부를 초토화시킨 카트리나는 자연의 알맹이를 송두리째 쏙 빼먹고 나 몰라라 내 팽개친 인간에 대한 자연의 분노가 아닌가 염려스럽다.

여기서 우리는 그런 자연재해 현상이 결국 우리가 심은 대로 거둔 결과라는 관점에 주목할 필요가 있다. 뉴올리언스 지역 역시 첨단적 홍수 통제 시스템을 구축했기에 대규모의 해안 습지가 사라져 버린 현장이라는 점과, 이를 시행한 당사자들이 아직 버젓이 살아 있는 가운데 재앙이 재빨리 온 것을 보면, 학대 받은 자연의 참을성이 그렇게 오래 갈 여유가 있어 보이지는 않는다. 그저 한 때 지나가는 자연재해가 아닐 것이라는 수군거림이 여기저기 세계 각처에서 들려온다. 영국의 BBC 방송은 "습지가 허리케인을 막는 데는 콘크리트 수로보다 훨씬 효과적이고 자연 완충작용이 뛰어나다"고 혀를 끌끌차는가 하면, 독일의 위르겐 트리틴 환경장관은 "미국이 지구온난화의 주범인 온실가스를 줄이려는 노력을 게을리 하여 재해를 자초하였다"는 비난과 야유를 보내었다.

우리가 사용하는 에너지는 원천적으로 태양으로부터 온다. 그리고 지구 표면에서 반사된 열에너지는 대기 중의 온실가스(greenhouse gas)가 흡수하여 생명체가 살아가기에 적당하도록 지구의 온도를 알맞게 유지시켜준다. 소위 '자연적 온실 효과'의 덕을 톡톡히 보고 있는 것이다. 그런데 인간의 에너지 사용이 급격히 증가하면서 온실가스가 과도하게 배출되었고, 따라서 더 많은 열을 흡수하게 된다. 그 결과로 지구는 너무 더워져 소위 '과도한 온실 효과'가 나타나게 되는데, 이것이 바로 '지구온난화(global warming)' 현상이다. 이러한 지구온난화의 가장 큰 원인 제공자는 바로 대기 중에 과량으로 존재하는 이산화탄소로 지목된다. 온실가스는 산업혁명 이후, 석탄이나 석유 등 화석 연료의 사용과 삼림훼손에 힘입어 꾸준히 증가해 왔다. 이것이 지구온난화를 가속시키면서 혹서, 사막화 현상, 강우량 증가, 해수온도와 해수면의 상승 및 지진의 잦은 발생, 심폐기관의 질병 유발, 천식, 알레르기 질환의 증가 등, 다방면에서 다양한 부작용을 초래하고 있다.

이 글을 쓰고 있는 동안에도, 텍사스에는 또 다른 허리케인 리타가 습격해오고 있어 대피령이 내려져 있고, 한국 명절의 고속도로를 방불케 하는 프리웨이 사진이 전송되고 있다. 자연재해가 날로 심각해지는 것은 이제 우연이 아니라 필연이다. 모두가 다 우리 탓이다. 중병에 걸려 신음소리를 내고 있는 자연의 고통을 미처 깨닫지 못하고 듣지 못하는 우리의 어리석음 때문이다. 그러므로 지금 우리에게 필요한 것은 생태적 감수성을 회복하는 일이다. 자연 앞에 겸손히 서는 것은 바로 하나님을 경외하는 것과 다를 바가 없다. 자연의 아픔을 알면 자연을 사랑하게 될 것이고, 사랑하면 지배하거나 소유하려는 집착 대신에 돌보고 아끼는 마음이 생겨날 것이다.

창조신앙의 본 뜻대로 새롭게 거듭난 21세기 기독교인들은 이제 '그린 크리스천(Green Christian)'이 되어야 하지 않을까 생각해본다. 우리 가운데 가장 가난하고, 가장 많이 아픈 이웃으로 와 있는 자연을 향해 손을 내미는 기독교인, 곧 그린 크리스천이야말로 지구의 희망이 아닌가! 자연을 괴롭히는 것은, 아니 죽어가는 것을 방치하는 것조차도 하나님에 대한 도전이다. 생명이 소멸되어가는 것을 보며 아파하시는 그 분의 애타는 마음에 동참하여 창조신앙을 회복하는 한국교회가 되었으면 하는 마음 간절하다.

4. 목숨 걸고 돈을 버는 생명자본주의

이름난 미래학자 앨빈 토플러(Alvin Toffler)는 그의 명저 『제3의 물결』(1980)에서 일찌감치 미래의 유망산업으로 유전자산업을 꼽았다. 그런가 하면 예리한 저널리스트이자 문명비평가인 제레미 리프킨(Jeremy Riffkin)은 『바이오테크 시대』(1999)를 통해 "유전자를 지배하는 자가 21세기를 지배한다"고 선언함으로써, 유전자주권시대의 도래를 알리는 데 쐐기를 박았다. 생명의 비밀을 간직한 유전자가 생명공학의 치밀한 공격 앞에 풍전등화의 신세가 되었으니 안스러운 생각마저 든다.

지난 10월 18일, 서울 삼성동에 위치한 코엑스에서는 한국무역협회가 주최한 '2005 바이오메디 심포지엄'이 열렸다. 그 자리에는 명실공히 한국 과학계의 스타로 자리잡은 황우석 교수와 복제양 돌리를 탄생시킨 영국 로슬린 연구소의 이언 윌머트(Ian Wilmut) 박사, 그리고 황 교수팀의 줄기세포 연구에서 미국 측 파트너로 종종 언론에 소개된 제럴드 섀튼(Gerald Schatten) 교수, 그 밖에 황 교수의 신실한 조력자인 서울의대 안규리 교수 등이 참가하였다. 이들은 모두 이른바 줄기세포 연구의 세계적 주역들인데, 이렇게 성대한 생명공학 학술대회가 하필이면 국제적 자본이동의 역할을 담당하는 무역협회의 주최 아래 열렸다는 것이 상당히 의미 있게 다가온다. 성장의 상징인 코엑스 한복판에 그야말로 생명의 시장이 선 게 아닌가 싶다. 무역협회가 과연 '순수한' 과학연구에 그토록 지대한 관심을 기울일 것인가? 이윤과 직접적으로 연관되지 않는 연구에는 차갑게 등을 돌리는 것이 시장의 생리이고 보면, 역으로 시장이 옹호하는 과학연구가 과연 순수한 것인지 의아스럽지 않을 수 없다.

거슬러 올라가 보면, 산업혁명 이후 공업지대의 하늘에 자욱한 검은 연기는 성장과 번영의 상징이었다. 그리고 공장에 산더미처럼 쌓인 원자재는 이내 제품이 되고 상품이 되어 소비자의 욕구를 자극하다가 다시 쓰레기로 환원되는 것이 산업사회의 전형적인 모습이었다. 그런데 1970년대 초, 생명공학의 놀라운 발전과 더불어, 세포 안에 외부 유전자나 인공 유전자를 끼워 넣는 'DNA재조합 기술'이 등장하면서 생산의 양상도 달라지기 시작했다. 즉, 공장

에서 제품을 만드는 제조(製造, manufacture)의 시대로부터 실험실에서 생물체가 생산품을 만들어내는 생조(生造, biofacture)의 시대로 바뀐 것이다. 소위 '굴뚝 없는 공장'의 시대가 열렸다. 그러면서 급기야 생산 현장에서는 물질과 생명의 경계가 허물어지고, 기업가나 자본가들이 재료를 보는 안목도 물질과 생명을 구분하지 않을뿐더러, 오히려 생명을 자본 축적의 수단으로 보게 되었다. 한마디로, 생명자본주의(biocapitalism)가 본격적으로 가동된 것이다.

큰 맥락에서, 과학혁명을 지나 산업혁명으로 이어지는 근대사의 여정은 과학주의(scientism)의 기반 위에 자본주의(capitalism)의 탑을 쌓은 과정이라고 말할 수 있을 것이다. 오늘날에는 과학주의의 절정인 생명공학이 자본주의와 결합함으로써 생명자본주의의 굳건한 토대를 만들고 인류를 지배하는 이데올로기로 자리매김하고 있다. 생명공학의 수많은 업적이 인류의 삶의 질을 월등히 끌어올릴 것이라는 명분을 앞세우지만, 속으로는 돈이 될 만한 새로운 상품을 고안해 내는데 안절부절한다. 정부의 정책 입안자들도 소득 증대의 중요한 동력으로서 그러한 BT산업을 내세우는데 결코 주저하지 않는다. 앞으로 줄기세포며, 유전자치료며, 소위 꿈의 치료제들이 모두 부국에의 열망을 채워주는 중요한 요인들이기 때문이다. 자본주의가 그 흉악성을 드러내는 시점은 바로 돈이 될 만한 것이라면 무엇이든지 팔도록 유혹하는 그때이다. 이제 바이오산업은 하루가 다르게 성장할 것으로 전망된다. 2008년에는 1,250억 달러 규모의 세계시장이 형성될 것으로 예측되고 있으며, 국내시장의 규모만 해도 6조 원에 이를 것으로 기업체 연구진들은 내다보고 있다.

그렇지만 생명자본주의가 이루어낸 금자탑이 정말 찬란한 영광의 탑이 될지, 아니면 바벨탑의 위기로 치닫게 될 것인지는 아무도 모를 일이다. 왜냐하면 생명은 전적으로 하나님의 주권 아래 있는 것이지, 그 밖의 어떤 세력에 의해서도 농락당할 수 없기 때문이다. "종류대로 생명을 보존"(창세기 6:20)하라고 노아에게 명령하신 하나님의 애틋한 생명 보살핌의 정신을 우리 마음에 되새길 때이다. 슈바이처의 생명경외 사상을 들먹이지 않더라도 어쨌든 생명은 최고의 절대적 가치를 지니고 있으며 어느 누구도 마음대로 주물러서는 안 될 것이라는 생각을 떨쳐버릴 수 없다. 그러므로 "사람이 온 세상을 얻고도 제 목숨을 잃으면, 무슨 이득이 있겠느냐?"(마가복음 8:36)는 성서의 경고는 여전히 유효할 것이다.

5. 진화, 벽돌 한 장으로 집 한 채가 되는 신비

구소련에서 미국으로 귀화한 저명한 유전학자 도브잔스키(Theodosius Dobzhansky)가 쓴 『인간의 자유의 생물학적 기초』라는 책의 서두에 보면, 진화에 관한 재미있는 일화가 전해진다. 어느 성당 강연회에서 다윈의 진화론에 관한 신부의 설명을 들은 한 할머니가 "인간의 조상이 원숭이라니! 만약 그것이 사실이라면 세상에 알려지지 않도록 기도합시다"라며 울먹였다는 것이다. 이 할머니의 경우와 같이, 대개의 기독교인들은 학력과 상관없이 진화라는 단어 자체에 대해 민감한 알레르기 반응을 보인다. 진화라는 것이 뭔지 잘 모르겠지만 좌우간 창조와는 반대되는 개념이라는 막연한 생각 때문일 것이다.

성경은 "태초에 하나님이 천지를 창조하셨다"(창세기 1:1)는 위대한 선언으로 시작된다. 그리고 이어서 창조의 과정은 말씀을 통해 진행된다고 고백한다. 그런데 문제는 이 '말씀으로 창조'가 마치 무조건 외워야 되는 구호처럼 굳어 버려서, 어떤 해석도 가해서는 안 되는 것처럼 인식되고 있다는 사실이다. 그래서 그런지 창조에 대한 과학적 해석에 대해서도 의도적으로 귀를 닫아버리는 자폐증 환자가 되고 말았다.

그러나 마르틴 부버(Martin Buber) 같은 신학자에 의하면, '말씀으로 창조'는 세상과 관계 맺기를 원하시고 인간과 대화하기를 원하시는 하나님의 사랑을 의미한다고 한다. 마찬가지로 '무에서 창조' 역시 어떠한 전제도 갖지 않는 새로운 창조라는 의미로 해석되어야 한다는 것이다. 즉 성서의 창조이야기는 고대 근동지역의 다른 창조이야기들과 달리, 인간이 '하나님의 형상'을 닮았다고 하는 어마어마한 선언을 하기 위하여, 밑바탕에 사랑과 정의, 자유와 평등의 원리를 깔고 있다. 이러한 신학적 사실을 깨닫지 못하고, 무조건 문자적으로만 받아들이면 성경은 너무나 빈약한 책으로 전락하고 만다.

현대생물학의 연구결과들은 생명의 진화라는 엄연한 생물학적 사실을 입증하기도 하고, 확인하기도 한다. 도브잔스키도 "진화의 불빛에 비추어 보지 않고서는 생물학은 아무 의미가 없다"고 말한 적이 있을 정도다. 진화는 생물학의 존재 기반이라는 주장이다. 생물학 논문의 결론은 늘 생명의 진화론적 의미를 강조하면서 끝나기 마련이다. 진화를 부정하고는 생명의 신비에 다가갈 수조차 없는 게 현실이다.

그럼에도 불구하고, 생물학이 뭐라고 말하든, 기독교인들은 무조건 진화론에 반대하고 창조론을 옹호해야 신앙이 좋은 것처럼 호도되고 있다. 물론 기독교인들이 과학 전문가의 연구업적을 일일이 꿰뚫어 알 필요야 없을 것이다. 사실 생물학을 전공하지 않은 일반인들이 진화에 대해 정확히 이해하기란 쉬운 일이 아니다. 진화라고 하면 '인간의 조상은 원숭이'라는 뜻인 줄로 착각하지만, 진화론은 그런 방식으로 말하지 않는다. 뿐만 아니라 진화를 설명하는 방법도 다양해서, 다윈의 진화론만 있는 것도 아니다. 어쨌거나 과학적 연구에 대하여 비과학적 방식으로 반론을 고집한다는 것은 논쟁에서도 불리할 뿐만 아니라 별로 지혜로울 것도 없다.

과학의 속성은 실험이나 관찰을 통하여 증거를 제시하는 것이다. 이 과정이 배제되면 사이비 과학이 된다. 그렇기 때문에 신앙적 확신을 과학적 사실로서 해명하려는 몇몇 시도에 대해 경계할 필요가 있는 것이다. 성서를 과학책 한 권쯤으로 치부하는 사고는, 성서를 도덕교과서로 생각하는 것만큼이나 위험한 발상이다. 신앙의 언어는 과학의 언어와 달리, 실증언어가 아니라 고백언어이기 때문이다.

신앙은 "하나님이 하셨어요!"라고 고백하는 것이고, 과학은 무슨 재료로 어떻게 되었는지를 설명한다. "이 집은 우리 아버지가 지은 집이기 때문에, 세상에서 제일 멋진 집이다"라는 말과 "이 집은 벽돌과 목재 등을 사용하여 2년에 걸쳐 지었다"라는 말은 성질상 서로 다른 말이다. 전자가 창조/신앙적 고백이라면, 후자는 진화/과학적 설명이라고 할 수 있다. 중요한 것은 어느 쪽도 틀린 말이 아니라는 점이다. 다만, 기독교의 창조신앙은 천지만물의 생성에 대해 전자의 방식을 취하는 것이고, 진화론은 후자의 방식으로 접근하는 것뿐이다 .

그러면, 창조를 진화적으로 해석하는 것이 하나님의 능력을 낮추어보고 영광을 가리는 것일까? 그렇지 않다. 집을 건축하는 경우 필요한 개수만큼의 벽돌을 하나하나 미리 만든 후에 쌓아 올려야 한다. 그런데 생명체라는 집은 오직 세포라는 벽돌 한 장만 있으면 되니, 이 얼마나 신기한 일인가! 인간 생명체는 난자와 정자가 결합한 수정란이라는 세포만 있으면, 그 하나의 세포가 분열에 분열을 거듭하여 60조 개쯤으로 늘어나서 성숙한 개체를 완성하게 된다. 이것이 바로 진화의 원리이다. 하나의 세포로부터 개체 전체가 만들어지듯이, 원시생명체로부터 복잡한 생명체로까지 발달한다. 고백언어로 표현하자면, 진화의 메커니즘을 조절하는 것은 하나님의 무한하신 능력에 속하는 일이기 때문에, 진화를 인정하는 것은 곧 하나님의 무한한 능력을 믿는다는 것이라고 말할 수 있다.

그런 점에서 기독교인 생물학자는 창조와 진화가 동의어라고 믿는다. 하나님은 창조의 방법론으로서 진화의 메커니즘을 이용하실 수 있다. 따라서 창조와 진화 사이의 진부한 대립 논쟁은 이제 종결되어야 할 것이다. '창조'의 반대말은 진화가 아니라, '비창조' 혹은 '혼돈'이기 때문이다.

II

생명을 나누는 타원형교회

그 얼마나 아름답고 즐거운가! 형제자매가 어울려서 함께 사는 모습!

시편 133:1

1. 지속가능한 교회

『神에게 솔직히』라는 책으로 우리에게 잘 알려진 영국 성공회 소속 존 로빈슨(John A. T. Robinson) 감독은 일찍이 '교회의 죽음'을 예견한 바 있다. 신학을 전공한 전문가나 목회자들에게는 익숙한 주제일지 모르겠지만, 우리네 같은 평신도로서는 그런 말을 입에 담는 것조차 의아하고 불경스럽게 느껴진다. 교회가 죽다니!

그런데 우리가 알고 있는 바 유럽의 교회가 이미 쇠퇴하였고, 들려오는 소식으로는 미국의 교회도 사양길에 들어섰다고 한다. 어느 통계 그래프를 보니, 미국의 교회는 1964~1965년을 정점으로 개신교와 가톨릭이 비슷하게 내리막길로 돌아섰고, 몇 년 전 미국 방문 때 들은 이야기로는 매년 한 노회당 한 교회씩 그 수가 감소하고 있다고 한다. 섬뜩하게 들리는 이 말이 더욱 두렵게 다가오는 것은, 비단 남의 나라만의 일이 아니라 이 땅에서도 벌써 진행되고 있는 일이기 때문이다. 2006년 통계청의 종교 자료는 우리의 공포에 불을 질렀다. "이제 한국교회는 지속가능한가?"라는 절박한 물음을 정말 솔직히 물어야 할 시점이다.

국제사회는 예전부터 성장 대신에 지속가능성(sustainability)의 개념을 논의해왔다. 1987년 유엔 세계환경개발위원회(WCED)는 '우리의 공동 미래'(Our Common Future)라는 보고서를 통해 '지속가능한 발전'이란 용어를 처음 사용하였고, 1992년 브라질 리우에서 모였던 유엔 환경개발회의는 이 개념을 정리하여 세계적으로 쟁점화한 바 있다. 과학의 모든 방법을 동원하여 다음 세대들의 몫까지 에너지와 기타 자원을 앞당겨 탕진하고 있는 경제지상주의를 깊이 반성하고 미래 세대가 삶의 질을 유지할 수 있도록 지속가능한 성장을 추구하여야 한다는 뜻이다. 그런데 어쩌랴? 우리는 말끝마다 경제가 제일이라고, 성장만이 살 길이라고 하면서, 성서적 교훈과는 반대로 살아가고 있으니, "우리 기독교인 맞아?"하는 의문이 절로 든다. 이른바 기복신앙에 찌든 수많은 기독교인들이 돌로 떡을 만들고 성전꼭대기에서 뛰어내리며 악마에게 절하는 허영의 꿈속을 헤매고 있는 것 같다.

그러면 지속가능한 교회의 방향은 어떻게 설정하여야 할까? 21세기에 인류가 살아남을 수 있는 유일한 생존전략이 '더불어 삶'이라면, 이제는 교회가 그 개념을 일찌감치 발전시켜 온 기업이나 환경단체로부터 벤치마킹이라도 해야 할 판이다. 오늘날 기업에서 강조되는 '지속가능성'의 요점은 사회적 책임(corporate social responsibility; CSR)이며, 그래서 전략적으로 사회책임투자(social responsible investment; SRI)를 한다는 것이다. 흔한 표현으로 '노블레스 오블리주(noblesse oblige)'를 실천하지 않고 이윤추구만을 앞세우는 회사는 현대사회에서 살아남을 수 없다는 이야기다. 500년 동안 부를 유지했다는 경주 최부자집의 가훈은 백리 안에 굶어죽는 사람이 없게 하고, 정해진 이상의 부와 명예를 금지하며, 지나가는 손님을 후하게 대접하는 등, 기독교식으로 말하면 절제와 이웃사랑을 통한 사회적 책임을 강조하고 있어 오히려 우리가 되새길 만하다.

한국기독교목회자협의회의 자체 조사에 의하면, 교인수 감소의 가장 큰 원인은 기독교의 대외 이미지 실추와 사회변화의식의 부재였다. 말하자면 한국의 기독교는 '하나님사랑과 이웃사랑'이라는 측면에서 모두 F학점을 받은 셈이다. 사실상 지속가능성의 원리가 이 새 계명 속에 고스란히 간직되어 있는데, 우리가 지키지 못했다는 점을 뼈저리게 반성해본다. 독실한 기독교인의 표준을 성수주일, 새벽기도회 참석횟수와 헌금액수 등 외형적인 요인에 고정시키고, 선교를 교회당 크게 짓기와 마당 넓히기 그리고 교인 수 늘리기 정도의 수준으로 폐쇄적 사고를 하는 한, 교회 밖의 사람들은 기독교에 대해 철저히 무관심할 것이고 나아가 왕따로 대응할 것이다. 교회 안 사람들도 '교회생활'과 '신앙생활'은 별개로 생각하여 교회 다니지 않는 그리스도인(churchless christian)이 양산될 염려가 다분하다. 물론 필자는 성도의 열심과 발전적 확장을 폄훼할 생각은 전혀 없다. 다만 수단과 목적을 혼동해서는 안 된다는 점, 그리고 교회의 본질과 사명은 어떤 경우에도 보전되어야 한다는 것을 강조하는 것이다. 다원화된 사회 속에서 신속하게 사회의 변화를 읽으면서 '다양성'을 인식하고 능동적으로 훈련해야 지속가능의 희망이 있다. 기업의 지속가능성이 '경제지상주의에 대한 반성과 사회적 책임'에 있다면, 교회의 지속가능성은 '성장제일주의에 대한 회개와 이웃사랑 실천'에 있다고 할 수 있다. 요사이 유행하는 코미디를 원용하면 "교회가 교회다워야 교회지"라는 말이다.

이제 교회의 지속가능성을 염려한다면, 무엇보다도 교회의 선교(missio ecclesia)를 넘어 하나님의 선교(missio dei)로의 전환이 시급하다고 본다. 교인을 교회 안에 붙잡아 두려하지 말고, 세상에 나가서 성령의 능력을 발휘하는 그리스도인으로 살도록 철저히 교육하자. '모이는 교회'에 연연하지 말고, '흩어지는 교회'가 되는 자신감과 성숙된

의식을 갖자. 결론은 너무도 명확하다. 성서로 돌아와, 그리스도인으로 거듭나야 하는 것이다. 변화산상에서 “여기가 좋사오니 좋은 집짓고 그냥 살자”고 조르던 철없는 베드로에게 “산 아래로 내려가자”고 설득하시던 주님의 모습은 오늘도 여전히 눈물겹다. 하나님 나라는 결코 교회 안에만 국한되어 있지 않고, 또 산위에만 머물러 있을 수도 없다고 설파하는 장면은 예수께서 몸소 연출하신 명장면이다. 아무 누구도 하나님의 영역을 감히 축소시키는 범죄를 저질러서는 안 될 것이며, 기독교의 세력 확장과 교회의 성장지상주의가 하나님의 영역과 충돌하는 아이러니가 더 이상 계속되어서는 안 된다. 마치 예수가 꿈꾸었던 하나님의 나라와 제자들이 착각했던 권력의 나라가 동상이몽이었던 그 교훈을 잊지 말자는 말이다. 한국교회의 지속가능성 지수(sustainability index; SI)는 결국 영성 지수(spirituality index; SI)를 의미할 것인바, 혹 영성을 박제된 종교의식이나 열광적 종교행위와 혼동하는 일은 없어야겠다. 교회 밖 사람들에게 교회의 이미지가 시끄럽고 낯선 곳으로만 비쳐진다면 우리의 본뜻과는 다르게 선교의 빗장을 걸어 잠그는 어리석음을 범하게 된다. 하나님사랑과 이웃사랑이라는 복음의 진수를 깨닫도록 부지런히 배우고 기도하며 실천함으로 스스로 자신을 가다듬고, 서구교회를 타산지석 삼아

이 사회의 '참 좋은 이웃'으로 자리매김하면서 위기를 극복해 나가야 한다. 바야흐로 지금은 지속가능한 교회의 일원으로서, 예언자적 예지를 가진 참다운 그리스도인이 그리워지는 계절이다.

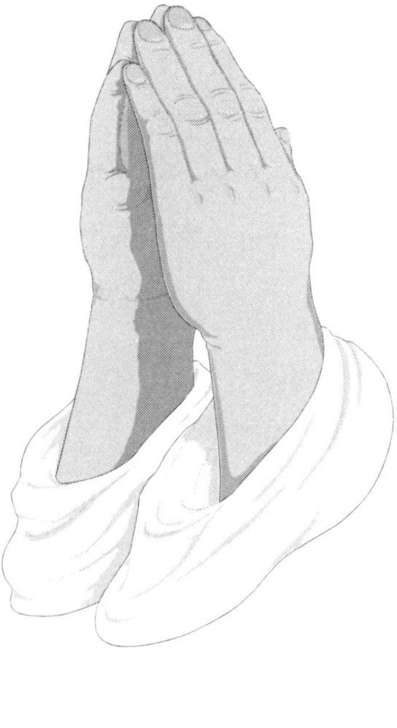

2. 바이블 그리스도 교회

1980년대 초반 언젠가 전자현미경에 대한 연수를 위해 일본 동경에 출장을 갔는데 그 중간에 주일을 맞이하게 되었다. 11시 예배를 염두에 두고 그래도 좀 시간을 넉넉히 가지고 교회를 찾아보자는 생각으로 9시 30분쯤 숙소를 나섰다. 일본에 교회가 별로 없다고는 하지만 한 시간 남짓 찾다보면 설마 교회 하나 못 찾겠는가 하는 심산이었다. 그런데 웬걸, 십자가 표지가 넘치는 우리의 거리 모습과는 전혀 다른 세계임을 깨달은 것은 두어 시간 남짓, 이 거리 저 거리를 방황한 후, 시간상으로 이미 예배가 끝났을 무렵이었다. 결국 그 날은 본의 아니게 예배를 드리지 못하고 말았다.

그로부터 10여 년 후 일본 남부의 후쿠오카에서 다시 주일을 맞이하게 되었다. 지난번의 실수를 만회라도 할 자세로 사전 준비를 철저히 하기 위해 호텔에서 전화번호 부를 가지고 교회를 미리 찾아보았다. 의외로 일본에 교회가 많다는 생각이 들어 반가웠고 이제 이 중에서 제일 가까운 교회를 찾아가기만 하면 되리라 생각하여 회심의 미소를 지었다. 그런데 이것 또한 무슨 장애물인가? 전화번호부 두 쪽 정도에 가득히 들어 있는 교회를 자세히 살펴보니 뭔가 이상하였다. 교단 이름 같은 것이 있기는 한데 일본 사정을 잘 모르는 필자로서는 분간할 능력도 없고, 또 일본어는 한마디도 못하여 중간중간에 끼어 있는 한자를 가지고 대충 짚어나가야 하는 처지여서 난감하기 짝이 없었다. 얼핏 눈에 띄는 것이 천리교의 집회 장소도 교회인 것으로 보아 일본의 모든 종교의 모임 장소가 교회였던가 보다.

호텔 직원의 도움을 받아 이름을 자세히 살펴보니 '바이블 그리스도 교회'가 있었다. 바이블과 그리스도! 바로 이 두 가지 기준이면 확실하다는 확신이 섰고 위대한 발견이라도 한 듯 주소를 메모하여 찾아가 예배를 드릴 수 있었다. 일본 교회치고는 규모가 제법 크고 사회복지에 힘쓰는 교회였다. 예배 전에 담임목사와 인사를 나누었고 일본어가 통하지 않는 필자를 위해 영어교사 한 분을 옆에 앉혀 동시통역을 하도록 배려해 과분한 대우를 받았다. 뿐만 아니라 설교 전에 소개와 친교 시간에 인사할 기회도 주어 그리스도 안에서 한 형제라는 감동을 나눌 수 있었다.

교회가 감소 추세에 들어섰다는 통계와 안티기독교 운동이 극성을 부리고 있다는 소식은 기독교의 정체성을 지키려는 우리로서 걱정이 아닐 수 없다. 기독교는 기독교적 가치를 실현할 때에 비로소 그 존재의미가 있다. 또한 교회는 그리스도의 복음을 실천하고 또 전파하는 기본 조직체로서 기능을 다해야 할 것이다. 수많은 교회들이 이 땅에 존재하고 있으면서도 그 본질을 지키지 못한다면 정체성의 위기를 맞이할 수밖에 없다. 교회는 주식회사가 아니기에 단순한 부흥발전만이 교회의 본질을 담보한다고 할 수는 없다. 세상의 모든 교회들이 '성서와 그리스도'라고 하는 절대절명의 준거를 목숨처럼 지키면서 복음의 본질을 확장시켜 나간다면 진정한 의미에서 교회의 발전을 이룩할 수 있을 것이다. 본질이 훼손된 기독교 세력의 세속적 확장은 기독교 이외의 세력으로부터 강력한 저항을 받을 수밖에 없다. 하늘의 뜻을 땅에서 지혜롭게 이루어내는 한국교회가 되기를 소원해 본다.

3. 생명을 나누는 타원형교회 (The Elliptical Church)

지난 20세기는 그야말로 생명죽임의 시대였다. 역사적으로 과학자의 90퍼센트가 20세기를 살았으니, 그만큼 놀라운 과학발전이 이루어졌음을 부인할 수 없지만, 반면에 그로 인한 부작용 역시 만만치 않았다. 두 차례의 세계대전을 치르면서 대량 살상 기술이 극에 달했고, 생명존중에 대한 기본적인 생각마저도 무너졌다. 재래식 무기는 물론 이려니와 원자탄, 고엽제, 화학무기, 생물무기, 그리고 첨단의 제어 장치를 이용한 숱한 살인 기술들이 개발되었다. 더 나아가서 인간의 탐욕을 위한 공해산업의 극성과 석유 등 재생불가능한 자원의 무분별한 사용으로 인한 생태계의 파괴도 지구적 위기를 부채질하고 있다. 뿐만 아니라 이제는 생명 자체에 개입하여 유전자변형생물(GMO)을 만들고 유전자 치료를 하며 줄기세포를 배양하여 생명을 마음대로 주무르는 시대를 눈앞에 두고 있다.

생명 파괴 현상은 생물학적 생명만을 대상으로 삼은 것이 아니다. 국제간의 분쟁, 종교적 이데올로기의 충돌, 인종간의 갈등, 정치적 이해관계, 성차별 등에서 파생된 정신적 파괴 또한 많은 사람들의 의식에 상처를 입히고 굴욕을 안겨주었다. 이 모두가 생명죽임의 현상임은 너무나 당연하다.

그러하기에 한국교회는 물론 세계교회가 함께 나서서 생명살림의 대열을 정비할 필요성이 대두된 것이다. 왜냐하면 기독교는 바로 생명의 종교이기 때문이다. 지나간 20세기를 생명죽임의 세기로 규정하고, 다가오는 21세기는 기필코 생명살림의 세기로 만들겠다는 대한예수교장로회 총회의 지침은 때를 잘 맞춘 컨셉이라 자랑할 만하다. 생명살리기운동은 우리 자신이 생명을 죽여 왔다는 인식과 더불어 철저한 반성에서 출발하여야 할 것이다.

그렇다면 생명살리기운동은 어디에서부터 시작해야 하는 것일까? 우리는 솔로몬의 재판과정에 나타난 두 여인의 법정 증언에서 '생명살림'과 '생명죽임'이 치열하게 대립하는 현장을 본다. 한 여자는 "제발, 임금님, 살아 있는 이 아이를, 저 여자에게 주시어도 좋으니, 아이를 죽이지는 말아주십시오"라고 애원하며, 다른 한 여자는 "어차피 내 아이도 안 될 테고, 네 아이도 안 될 테니 차라리 나누어 가지자"(열왕기상 3:26)고 생떼를 쓴다. 이렇게 진짜 어머니의 사랑과 가짜 어머니의 탐욕이 충돌하는 장면에서, 우리는 생명살림과 생명죽임의 원리가 팽팽히 대결하는 것을 보게 된다. '반씩 나누자'는 가짜 어머니의 위선적인 언변은 겉보기에 정확하고 공평해 보인다. 그러나 거기에는 탐욕의 함정이 있다. 진정한 나눔에 대한 갈증은 어떤 사랑의 생수로 해결할 수 있을까?

전통적으로 기독교는 '남을 위한 삶(life for others)'에 관해 말해왔다. 그런데 개인주의적 사고에 젖은 현대인들에게는 도무지 씨가 먹히지 않는 말이다. 이기심과 소유욕으로 똘똘 뭉친 현대 인간에게 남을 위해 살라고 몰아붙이기보다는 차라리 '더불어 삶(life together)'이 설득력 있어 보인다. 어차피 인간이 혼자서는 살 수 없고 함께 더불어 살아야 하는 존재라면, 자신의 욕구를 제한하는 법도 익혀야 한다고 말이다. 21세기 인류의 최후의 생존양식은 아마도 더불어 삶이 될 것이다. "그 얼마나 즐거운가! 형제자매가 어울려서 함께 사는 모습!"(시편 133:1).

아마도 독자들은 고교시절에 기하학을 공부했던 기억이 있을 것이다. 원(circle)은 중심으로부터 일정한 거리에 있는 점의 자취다. 우리 사회는 어쩌면 원형적 사고에 익숙할는지 모른다. 누구나 남을 제치고 중심을 차지하려는 욕심이 있다. 하지만 중심을 빼앗기거나 늘 주변부에만 있던 사람은 호시탐탐 중심을 차지할 기회를 노릴 것이기 때문에, 결국 경쟁과 투쟁의 연속이 될 수밖에 없다. 이러한 점에서 우리에게는 원형적 사고를 넘어서는 대안적 원리가 필요한데, 그것이 바로 타원형적 사고라고 생각한다.

타원(ellipse)은 두 정점에서 거리의 합이 일정한 점의 자취다. 적당한 길이의 실을 가지고 양쪽 끝을 고정한 다음에 연필을 꽂아서 끌어당기면서 선을 이으면 타원이 된다. 타원을 알기 쉽게 설명하자면 원 두 개를 합친 것이다. 타원은 초점이 둘이기 때문에 대립적이라고 생각하는 두 요인을 모두 포용할 수 있다. 거리의 합이 일정하기에 한 쪽이 모자라면 다른 한 쪽이 채워주는 구조이다. 타원형사회는 '다름'의 위치에 있는 사람들이 서로를 인정하면서 한 마음으로 전체를 이루어 나가는 공동체이다. 여성과 남성,

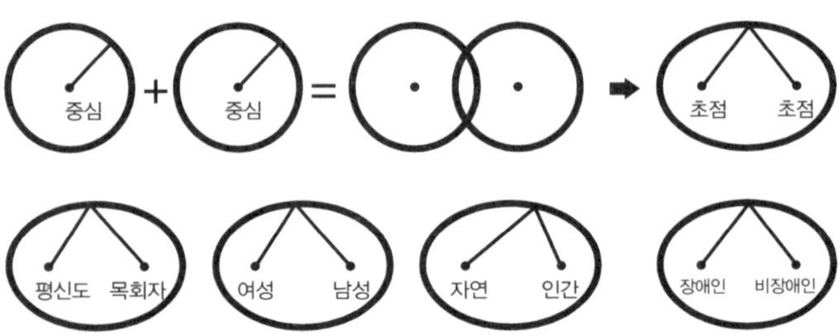

〈그림〉 타원의 형성과정과 타원형사회의 예시

자연과 인간, 의사와 환자, 장애인과 비장애인, 생산자와 소비자, 교육자와 피교육자, 정치권력과 시민권력, 이들의 상호작용과 서로살림(相生)의 정신을 바탕으로 살아가는 생명공동체를 말한다.

생명은 가짐에서가 아니라 나눔에서 나온다. 생명은 지배에서가 아니라 섬김에서 나온다. 타원형교회는 한마디로 나눔과 섬김이 기본이 되는 생명살림의 교회다. 루터의 만인제사장설을 기본으로 삼고 교회 안에서 모든 사람이 하나님의 백성(laos)으로서 평등하게 사역하는 평화공동체를 지향한다. 교회 안의 평신도와 목회자, 여신도와 남신도, 세속적 학문과 기독교적 신앙이 서로를 보듬으면서 형성된 공동체가 바로 타원형교회이다. 타원형교회는 갈등구조를 화해구조로, 가짐의 가치를 나눔의 가치로, 그래서 생명죽임으로부터 생명살림으로 패러다임을 전환시키는 시대적 사명을 다하는 교회이다.

교회가 전통적으로 행사하였던 '지배의 지도력'(dominating leadership)을 극복하고 '나눔의 지도력'(sharing leadership)을 확립하며, 생태학적 감수성과 평신도의 잠재력 확보에 주력할 때에 지속가능한 성장은 보장될 것이다. 타원형교회는 바로 생명살림의 사역을 주도하며 생명교회론을 써나가는 하나님의 교회가 될 것이다. 그때에 아마도

'교회의 선교'(missio ecclesia)에 머물러 성장이 위협을 받았던 한국교회는 '하나님의 선교'(missio dei)로 전략을 수정하고 하나님의 교회를 완성하게 될 것이다. 생명을 나누는 타원형교회가 항상 개혁하는 교회의 표본으로서 하나님의 교회의 상징이 되는 꿈을 꾸어본다.

4. 위기의 생명 · 정의 · 평화

우리가 살고 있는 현대 위기의 출발은 누가 뭐래도 탐욕이다. 이 점에 대해서 성경은 명확한 지침을 제시하고 있는데 이는 바로 "욕심이 잉태하면 죄를 낳고, 죄가 자라면 죽음을 낳습니다"(야고보서 1:15)는 서릿발 같은 경고장이다. 그리고 한 걸음 더 나아가 "하나님과 재물을 함께 섬길 수 없다"(누가복음 16:13)는 단정은 우리를 당혹스럽게 만든다. 여기에 세속을 살아가야 할 그리스도인들에게 짐을 지워주는 딜레마가 있다. 생명 · 정의 · 평화의 위기는 바로 인간의 탐욕 때문이라는 전제인데, 그렇다면 그리스도인이 경제만능주의 세상에서 어떠한 태도를 가지고 살아가야 진정한 그리스도인이라고 칭함을 받을 수 있는지 질문하지 않을 수 없다.

첫째로 생명의 위기는 어디에서 출발하였는가? 편의상 흔히 거시적 생명의 차원인 생태학적 위기와 미시적 생명의 차원인 생명공학적 위기로 나누어 생각하기도 한다. 생명체의 기본적 구성요소는 땅과 물과 공기이다. 맑은 공기, 깨끗한 물, 비옥한 땅이 없이는 인간 생명도 없다. 만물은 상호연결되어 있고 또 상호의존적이다. 곤경에 처한 욥을 방문한 세 친구 중 소발의 변론에 응답하던 욥은 생명에 관해 다음과 같이 지혜로운 고백을 한다. "모든 **생물**의 생명이 하나님의 손 안에 있고, **사람**의 목숨 또한 모두 그분의 능력 안에 있지 않느냐?"(욥기 12:10) 생명을 사람의 목숨과 모든 생물의 그것으로 나누는 방식은 생명계를 인간과 환경으로 나누는 과학적 분석과 일치하지만, 성서 저자는 결정적으로 이 모든 생명이 하나님의 손 안에, 그리고 그 분의 능력 안에 있다고 천명함으로써 초월적 세계관을 보여주고 있다. 인간의 목숨과 다른 모든 생물의 생명은 모두 하나님께 연결되어 있다는 점에서 공동운명성을 담지한다. 이러한 통전적 생명관이야말로 기독교 창조신앙의 초석일 것이다.

둘째로 정의가 깨어지는 결정적인 부분은 경제의 문제에서 출발한다. 그런 의미에서 경제가 상당히 중요하다. 따라서 정의가 지켜지지 않는 현장은 바로 거대 시장으로 변한 이 세계 자체이다. "많이 거둔 사람도 남지 않고 적게 거둔 사람도 모자라지 않는"(출애굽기 16:18) 사회는 구약이 제시하는 이상 사회의 모습이다. 아마도 하나님의 나라의 상징성으로서, 또 미리 경험하는 새 하늘과 새 땅의 형상일 것이다. 그러나 WTO와 IMF 등으로 대변되는 세계 경제는 약한 자는 죽고 강한 자만 살아남는 약육강식의 처절한 전쟁터를 방불케 한다. 기독교 국가로 자처하는 나라들도 무역전쟁의 와중에서 성경이 제시하고 있는 경제적 이상에 전혀 관심을 표명하지 않는다. 하나님의 뜻대로 살다가는 이 세상에서 죽기 십상이라고 걱정이 되어서일 것이다. 과연 그럴까?

따라서 정의의 실현을 위해서는 빈부 격차의 해소와 소외 계층이 없어지도록 노력하는 교회의 사명이 절실히 요청되고 있다. 다행히 세계교회협의회(WCC)는 정의로운 무역 운동을 전개하고 있다. 에큐메니칼 옹호 동맹(EAA)이 제시한 활동 지침은 "상품과 서비스의 무역을 포함한, 경제 활동에 관한 성서적 기준은 정의이며, 가난한 자의 편에 서는 것이며, 공정한 임금 지급, 투명한 관계, 착취를 하지 않고, 생명을 존중하며, 과부들과 아이들 그리고 나그네들을 보살피는 것이다"라는 점을 강조하고 있다. 그리스도인의 정의는 바로 경제적 정의를 의미하며 따라서 모든 경제 활동은 정의를 바탕으로 이루어져야 하고 궁극적으로 약자 보호의 원칙에 충실하여야 하는 것이다.

셋째로 그토록 염원하는 세계의 평화는 갈 길이 멀다.

지금 이 순간에도 세계 곳곳에서 전쟁의 포화가 그치지 않고 고귀한 생명이 사라져가고 있다. 평화의 왕으로 오신 예수를 주로 고백하면서도 평화를 깨는 일에 앞장서고 있다. 예수의 평화 메시지의 요지는 "나는 내 평화를 너희에게 준다. 내가 너희에게 주는 평화는 세상이 주는 것과 같지 않다"(요한복음 14:27)는 말씀이다. 로마가 추구하였던 무력에 의한 평화가 아니라 주님께서 우리에게 주시려는 샬롬의 참다운 의미는 무엇일까? 교회는 평화의 정원으로서 사명을 다하고 있는가?

특별히 지구촌 유일의 분단국가에 존재하는 한국교회는 세계 어느 나라의 교회보다도 남북 문제라는 무거운 과제를 지니고 있다. 우리가 남북분단 문제를 해결하는 능력을 갖춘다면 아마도 세계 복음화를 이룩할 수 있는 지름길을 찾아낼 수 있을 것이며, 세계 최고의 복음 수출국으로서 도약할 수 있을 것이다. 따라서 통일 문제에 대해 누구보다도 적극적인 자세를 가져야 하고 양보와 타협에 앞장서야 할 것이다. 그리고 북한에 선교적 기지 확보에 주안점을 두어야 한다. 통일의 문제는 다음 세대에 우리 민족이 세계사의 전면에서 복음의 십자군으로 활약할 수 있는 능력의 시금석이 아닐 수 없다.

지금 우리는 새로운 공동체에 목말라 하고 있다. 그것은 교회가 교회답지 않다는 표현의 다름 아니다. 유럽 교회의 죽음과 미국 교회의 약화에 이어 한국에 불어닥친 교인 수의 감소세는 붉은 신호등이다. 유럽과 미국을 타산지석으로 삼아 새로운 교회의 지향점을 설정할 시점에 와 있다. 그것은 생명과 정의와 평화로 채비를 갖춘 교회로 거듭나라는 신호다. 이 일에 모든 그리스도인들이 앞장서서 교회를 살려내는 일에 투신하여야 할 시대적 소명을 깨달아야 한다. 그리고 이미 시작된 생명 · 정의 · 평화 운동을 교회 밖으로 확산시키고 그 운동이 온 한국과 아시아를 넘어 전 세계로 지구화될 때에, 거기에서 우리는 하나님 나라의 상징을 경험할 수 있을 것이다. “네가 그렇게 하지 않고, 회개하지 않으면, 내가 가서 네 촛대를 그 자리에서 옮기겠다”(요한계시록 2:5)는 경고는 오늘도 여전히 우리에게 유효하다.

5. 생명 · 정의 · 평화의 연결고리

독일의 사회학자 울리히 벡(Ulrich Beck)은 1986년 그의 저서를 통해 현대를 "위험사회"(Risk Society)로 규정하였다. 사회가 풍요로워질수록 위험도 그만큼 증가한다는 예측을 하였는데 실제로 맞아떨어진 듯하다. 2008년 9월 29일자 미국의 시사주간지 타임(Time)도 표지 제목을 통해 현재 금융위기의 원인이 "탐욕의 대가"(The Price of Greed)라고 명확한 결론을 내리고 있다. 이런 시대적 상황에서 과연 교회는 기독교적 가치를 수호하기 위해 무슨 일을 하여야 할까? 예수 그리스도가 꿈꾸었던 복음적 사회의 모습은 무엇인지 알고 넘어가야 할 중요한 화두가 아닐 수 없다.

교회의 위기를 알리는 징후들이 여기저기서 나타나고 있는 것이 사실이긴 하지만 그러한 현상이 기독교적 가치관에 대한 본질적인 훼손을 의미하는 것은 아니다. 인간의 욕망을 극도로 부추기는 신자유주의(neoliberalism)의 출현은 온 세상을 시장바닥으로 만들어 버렸고, 시장은 마치 신성불가침의 영역으로 간주되기에 이르렀다. 그리고 시장의 주도권을 가지고 있는 기업은 이 시대 최고의 권력을 뽐내며 국가마저도 기업처럼 움직여야 된다는 굳은 신앙을 가지기에 이른다. 그래서 기업과 국가가 혼동되기도 하고, 한발 더 나아가 기업은 이 시대 모든 사람들의 표상으로서 심지어 교회마저도 기업의 경영을 부러워하는 지경이 되었다. 바야흐로 시장이나 기업이 이 시대에 있어서 교회와 사제의 역할을 대행하고 있다면 너무 자조적인 표현이라 할 것인가? 그래서 흔히 "돈이 양반"이라든지 "경제가 제일 중요하다"든지 하는 말을 무의식적으로 사용하고 있다. 그런데 일상 언어 속에는 사상과 믿음이 들어 있다는 사실을 간과해서는 아니 될 것이다.

이렇듯 경제지상주의를 바탕으로 세계는 거대한 시장이 되었고, 시장을 유지하기 위해서는 맘모니즘(mammonism)이 횡횡할 수밖에 없다. 생명을 희생해서라도 자본을 축적하여야 하고, 부정한 방법을 동원해서라도 재물을 모아야 하며, 전쟁을 일으켜 평화를 깨는 한이 있어도 수중에 손이 들어오는 일이라면 서슴지 않고 자행하는 시대가 되었다. 그래서 생태계는 여지없이 파괴되고, 사람과 사람 사이에 정당한 관계성은 상실된 지 오래되었다. 그리고 재물을 획득하기 위한 싸움과 투쟁이 끊임없이 계속되고 있다. 세상은 바야흐로 탐욕이 극대화되어 인간적 가치관은 찾을 수 없고, 더구나 기독교적 가치관은 어디 적절하게 내세울 여지를 찾을 수가 없다. 그리고 기독교적 가치를 실현하는 베이스 캠프여야할 교회 또한 그 기능을 성실히 수행하고 있다고 보기는 대단히 어려운 상황이다.

생명 · 정의 · 평화 운동은 생명살리기운동과 함께 한국교회가 생명 · 정의 · 평화의 공동체로 다시 태어날 수 있는 절호의 기회를 제공할 것이며 제자들이 꿈꾸었던 사도적 교회를 21세기에 재현하는 새로운 교회론의 출발점이 될 것으로 믿어 의심치 않는다. 생명 · 정의 · 평화는 이 시대에 있어서 꼭 실현해야 할 기독교 최고의 보배로운 가치의 결정체라 할 수 있다. 교회가 세상에게 무엇을 줄 수 있는가라고 묻는다면, 생명과 정의와 평화를 실행해 보이겠다고 고백할 수 있어야 한다. 그리고 교회 안에 인도된 우리는 생명과 정의와 평화에의 부르심에 즉각적으로 기꺼이 응답해야 할 것이다.

그런데 생명과 정의와 평화는 하나의 사슬처럼 연결된 고리다. 이 중에 하나라도 파괴되면 전체가 부서지는 연대성을 가지고 있다. 그런가 하면 이중의 하나가 효과적으로 실행된다면 나머지도 잘 이루어질 수 있는 좋은 점도 있다. 따라서 우리는 생명과 정의 그리고 평화를 연결해서 배우고 실천하는 일에 힘써야 할 것이다. 어쩌면 그 과정은 십자가일 수도 있지만 그 결과는 영광의 면류관이 될 것이다. 이제 우리는 현대의 위기를 넘어서 생명과 정의 그리고 평화를 향한 긴 여정에 들어서는 감격의 순간을 맞이해야 할 것이다.

6. 무엇을 먹을까 걱정하라

-창조질서 보전의 실천적 과제-

방역당국에 의하면 조류인플루엔자(AI)에 감염되었거나 혹은 예방적 차원에서 도살 처분한 닭과 오리의 숫자가 무려 814만 마리에 이른다고 한다. 아직 살아서 꿈틀거리는 동물을 미처 안락사 시킬 여유도 없이 주섬주섬 마대자루에 넣어 파묻는 모습은 차마 눈뜨고 볼 수 없는 광경이다. 왜 사람들이 이 지경까지 비인간화되었을까? 하나님의 형상대로 지음을 받았다는 자존심은 내팽개친지 오래전 일이라는 생각이 든다.

또 다른 한편에선 광우병 염려가 있다는 미국산 쇠고기를 놓고 각계각층에서 다양하게 논의가 무성하다. 딱히 전문가 그룹이 눈에 띄지 않는 상태에서 다양한 입장을 가진 여러 사람들이 마구 우기기 경쟁을 하고 있다. 이 모두가 혼돈 그 자체이다. 여기에 대해 교회는 어떠한 근거를 가지고 어떠한 입장을 표명할 수 있을까? 차라리 그런 문제에 대해 논평할 위치에 있지 않고 또 의향도 없으니 그냥 물러나 있기만 하면 되는 것으로 입장을 정리하면 속이 편할지도 모르겠다.

구체적인 일처리야 전문가들과 행정을 맡은 사람들이 협의하여 마감하겠지만 생명에 관한 근본적인 문제는 꼭 그들만의 문제라고 넘겨버릴 수는 없다. 적어도 우리가 이 땅에 존재하는 모든 생명을 하나님이 창조하셨다고 고백하고 또 그렇게 믿는 신앙인이라면 결코 그럴 수 없다. 요사이 생명·생태계에서 발생하고 있는 일련의 사태들은 바로 하나님의 창조질서 파괴에서 그 원인을 찾을 수 있다. 기독교인이라면 마땅히 그런 생각을 가져야 할 것이다.

생명 위기의 출발점은 아무래도 인간의 무한한 탐욕이다. AI와 광우병의 공통적인 특징은 과도한 생산을 위해 자연 질서를 어지럽힌 데서 시작되었다는 사실이다. 목축의 기본 원리 역시 자연적인 순리를 어기지 말아야 하는데 결국 과도한 이익에 눈이 먼 소위 '공장식 축산업'을 추구하였던 것이다. '땅'위에서 번성하여야 할 새들(창세기 1:22)이 몸을 틀어 움직이기조차 어려운 좁은 공간에서 인공조명을 받아가며 온갖 스트레스에 시달리면서 사육되었으니 이미 그들은 유기체로서 하나님이 창조하신 닭이 아니라 인간이 제조해낸 기계 같은 닭이 되어버렸을 것이다.

그러니 그 안에서 질병을 일으키는 바이러스가 제 세상을 만난 듯이 닭의 몸을 죽음으로 몰고 가는 것이다. 본래 바이러스는 그 자신이 생명체였다가 때로는 무생명체로 변하는 교묘한 특성을 가지고 있다. 다른 생명체의 몸에 들어가면 살아나고 생명체 밖으로 나오면 마치 무생명처럼 행동한다. 스스로 죽어 있으니 죽이기도 쉽지 않다. 생물학적으로 바이러스는 제가 살아갈 주인이 따로 있다. 말하자면 닭에 살고 있는 바이러스는 사람에게서 살 수 없었다. 그런데 웬일인가? 닭이 제대로 된 닭이 아니다 보니 바이러스도 헷갈리게 되었는지 사람에게도 옮겨가게 되었다. 그것이 바로 고병원성 AI이다. 바이러스가 멍청하게도 닭과 사람을 구별하지 못해 우리에게 사람취급을 똑바로 안 해 준다는 불평은 차라리 코믹한 표현일까?

소의 경우는 또 어떤가? 소는 본래 자연상태에 풀어놓아 풀을 뜯어먹고 자라게 해줘야 하는 소위 초식성 동물이다. 그런데 짧은 기간에 손쉽게 살을 찌우는 방법을 연구하다 보니 소에게 소를 먹이게 된 것이다. 사람으로 치면 식인종을 만든 셈이다. 살코기를 제외한 나머지를 버리자니 아까운 생각이 들어 갈아 먹여보니 제 살, 제 뼈를 먹어서 그런지 고기가 먹음직도 하고 보암직도 하였을 것이다. 그것이 프리온(prion)이라는 단백질에 변형을 일으켜 광우병을 일으키는 원인이 된다는 사실은 한참 후에 알게 되었다.

유럽의 경우는 부랴부랴 동물성 사료를 금한 반면 미국은 아직도 뭔가 아까워 만지작거리고 있는 모양이다. 최근 영국에서는 풀어놓고 기른 닭의 달걀만 취급하는 대형마트가 생겨나고 있다는 반가운 소식도 있고, 영국 국교회는 "하나님이 지으신 별에서 나누어 살기"라는 보고서를 출판하여 지속가능한 소비형태를 권고하고 있다.

이쯤에서 생명의 종교로 자처하고 있는 기독교로서 확실한 신학적 표명이 있어야겠고 덧붙여 실천적 의지를 보여줘야 할 시점에 와 있음을 깨달아야 하겠다. 생명살리기 운동10년과 생명 · 정의 · 평화운동의 차원에서도 그냥 넘길 수 없는 중요한 부분이다. 선악과를 따먹고 하나님의 자리를 넘보다가 호된 채찍을 맞았던 경험을 쉽게 잊어서는 안 된다. 생명나무로 가는 길(창세기 3:24)은 이미 차단되어 있음을 상기하여야 할 것이다. 또다시 도전하다가는 멸망의 길이 명확하다. 생명창조는 하나님의 몫이고 인간이 관리하는 범위는 극히 제한적이다. "여기까지는 와도 된다. 그러나 더 넘어서지는 말아라!"(욥기 38:11)는 정언명령에 귀를 기울여야 한다. 먹을 만큼만 먹고 쓸 만큼만 쓰는 절제운동에 나서기 위해 다음 몇 가지 실천사항의 예를 제시해 본다.

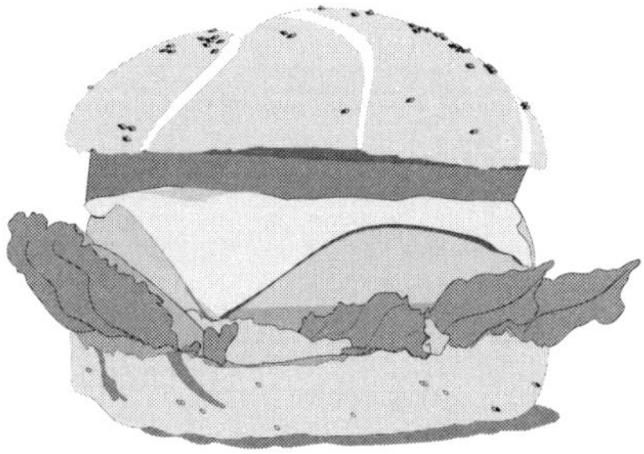

첫째, 육류 소비를 줄여야 한다. 한 사람이 먹을 고기를 만들기 위해 8명이 먹을 수 있는 식물성 식량이 필요하다고 한다. 일주일에 하루를 금육일로 정하고 교회 내의 음식은 가급적 육류를 사용하지 않는다. 채소와 물을 먹은 젊은이들의 얼굴빛이 좋고 건강하였다는 느브갓네살 왕궁의 실험을 참고할 필요가 있다(다니엘서 1:11~16).

둘째, 가두어 기른 동물, 과도한 호르몬을 사용한 동물은 철저히 검증해서 먹지 않도록 한다. 비윤리적으로 생산량을 늘리는 방법을 감시하고 자연 방목의 목축이 이루어지도록 운동을 전개한다. 적게 먹지만 제대로 사육한 가축을 먹는 지속가능한 소비를 정착해야 한다.

셋째, 근본적으로 "많이 거둔 사람도 남지 않고 적게 거둔 사람도 모자라지 않는"(출애굽기 16:18) 성서적 경제관을 확립하여 교육할 필요가 있다. 필요 이상의 재물과 부동산 소유를 금지하며(레위기 25:17), 또 부당하거나 과도한 이익을 철저히 차단한다(레위기 25:17). 비성서적인 소득에 대해서는 헌금을 허용하지 않는다.

이외에도 더 연구하여 실천사항을 추가할 것이며, 이러한 실천운동을 통하여 우리의 보배로운 신앙도 지키고 건강의 복도 누릴 수 있을 것이다.

7. 하나님의 뜻을 드러내는 WCC 총회

2013년, 세계교회협의회(WCC) 제10차 총회가 우리나라에서 열리게 되어 다양한 반향을 불러일으키고 있다. WCC는 1948년 네델란드의 암스테르담에서 창립총회를 가진 이래, 아홉 차례의 총회와 산하기관들의 끊임없는 신학화작업을 통하여 교회일치 운동과 세계선교, 정의와 평화 그리고 하나님의 창조보전 등 기독교의 핵심적인 가치 실현을 위해 노력해온 자랑스런 기독교 연합체라 할 수 있다. WCC는 세계 110여 개 나라, 5억 6천만 성도, 그리고 349개 교단의 협의체로서, 시대적 상황에 따라 적절한 대안제시와 운동을 통하여 예언자적 소명을 다하였다. 바야흐로 한국교회는 기독교 역사의 세계적 흐름을 통찰할 수 있는 절호의 기회를 얻었으며 하나님의 선교(missio dei)를 실질적으로 배울 수 있게 되었으니 그저 감사할 따름이다. 우리가 다 아는대로 WCC가 천명하고 있는 신학적 기조는

"성서의 가르침대로 주 예수 그리스도를 하나님이요 구세주로 고백하며, 그에 따라 성부와 성자와 성령 한 분이신 하나님의 영광을 위하여 위탁받은 바 소명을 성취하려고 모인 교회들의 협의체다." 이런 목적을 이루기 위해 부단히 노력한 흔적은 그 동안 고스란히 모아 둔 총회의 주제를 살펴보면 알 수 있다. 1) 인간의 무질서와 하나님의 계획, 2) 그리스도-세상의 희망, 3) 예수 그리스도-세상의 빛, 4) 보라, 내가 만물을 새롭게 한다, 5) 예수 그리스도는 해방시키시고 하나되게 하신다, 6) 예수 그리스도-세상의 생명, 7) 성령이여 오소서-만물을 새롭게 하소서, 8) 하나님께 돌아와 소망 중에 기뻐하자, 9) 주여, 은총 속에 세상을 변화시키소서. 모든 관심이 이 세상에 대한 무한정의 관심과 사랑을 주시는 하나님, 예수 그리스도 그리고 성령에 집중되어 있다(요한복음 3:16).

그런데 여기에서 그냥 지나칠 수 없는 중요한 부분이 있다. WCC는 교회들의 협의체이지 교회 자체는 아니라는 점이다. 따라서 특정 교회론으로 접근하는 잘못을 범해서는 안 될 것이다. 다양성 속에서 일치를 추구하며 '세상의 빛이며 세상의 희망'이신 그리스도를 증언하며, 참 샬롬을 이 땅에서 실현하기 위해 특정 교파나 지역 이기주의를 넘어서서 한마음으로 연대하여야 할 것이다. 세속적 연합기

구인 유엔이 각 나라의 다양한 특성을 넘어서서 지구의 평화를 추구하듯이 말이다. 중앙집권적 응집력을 가지고 막강한 정치적 영향력을 행사하고 있는 바티칸과 쌍벽을 이루면서 WCC는 지구상에서 세계선교의 한축을 담당하여야 할 것이다.

WCC 총회가 한국에서 개최되는 은총에 힘입어 지구상 유일한 분단국가에 있는 남북의 교회가 협력을 통해 하나님의 화해 요청에 응답하여야 할 것이다. 부산을 출발하여 서울과 평양을 거쳐 신의주까지 그리고 목포를 출발하여 광주, 대전을 거쳐 춘천, 함흥, 나진까지 교차하는 한반도에 성령님의 역사가 충만하시기를 기도해 본다.

III

생명을 사랑하는 예수의 사람들

"주님의 영이 내게 내리셨다. 주님께서 내게 기름을 부으셔서, 가난한 사람에게 기쁜 소식을 전하게 하셨다. 주님께서 나를 보내셔서, 포로된 사람들에게 해방을 선포하고, 눈먼 사람들에게 눈 뜸을 선포하고, 억눌린 사람들을 풀어 주고 주님의 은혜의 해를 선포하게 하셨다."

누가복음 4:18~19

1. 하나님의 화해 러브콜

"하나님께서 인간의 죄를 따져 묻지 않으시고 그리스도를 내세워 인간과 화해(reconciliation)하셨다"(고린도후서 5:19)는 단일 주제로 신앙을 고백한 때가 있었다. 미국 연합장로교회가 채택한 "1967년 신앙고백"이 그것인데, 당시는 한국도 참전하였던 베트남 전쟁으로 세계 평화가 산산조각이 나 있었고 미국의 젊은이들은 반전운동으로 나날을 보내기도 하였다. 그런 상황에서 1963년 흑인들은 워싱턴을 향해 물밀듯이 평화의 대행진을 감행하였고, 흑인 민권운동 지도자 마틴 루터 킹 목사는 그 유명한 "나에게는 꿈이 있습니다"라는 연설을 통해서 평화와 자유를 갈망하는 애절한 꿈을 토해내었다. 그러나 미국의 새로운 희망이라 기대했던 존 F. 케네디 대통령과 비폭력 평화의 사도 마틴 루터 킹 목사는 암살의 비운을 맞이하였다. 정말 칠흑같이 어두운 절망의 시대였다. 그러한 시대적 배경 하에서 미국 교회는 시대에 걸맞은 신앙고백이 절실하였다. "예수 그리스도 안에서 하나님은 세계를 자기와 화해시키셨다. …… 그러므로 교회는 하나님에 대해서 화해되고 서로 서로 화해하라고 사람들을 부른다." 1967년 신앙고백의 첫 문장과 마지막 문장이다. 예수 그리스도를 통한 은혜, 하나님의 사랑, 그리고 성령의 교통을 통하여 하나님의 화해 사업이 진행되고 있으며, 교회는 마땅히 화해의 사역(ministry)을 감당하여 화해를 성취하라고 요청받고 있다는 내용이다. 특히 세계의 모든 사람들이 한 가족으로 창조되었다는 점을 깨닫고, 모든 국가 사이에 평화와 정의와 자유를 이루어야 하며, 가난한 사람들을 더 가난하게 만들어 노예화하는 일이 없어야 하고 남자와 여자 사이에 올바른 인격적 관계가 형성되어야 한다는 것이다.

우리는 새로운 지도자에 대한 큰 기대를 가지고 출발하였지만 사회는 분열로 점철되었고 국회는 폭력으로 난장판이 되어 국내외 언론을 장식하였다. 이 시대에 그리스도인으로 살아간다고 하는 것은 무슨 의미가 있는 것일까? 1967년 신앙고백을 다시 살펴보면, "이웃을 배척하고 지배하려 든다면 하나님의 성령을 거슬리며 자기네가 고백하는 신앙을 부정하고 있는 것이다" "빈곤에 대해 무관심하거나, 혹은 경제적인 문제에 대한 책임을 부정하거나 혹은 사회의 특정한 계급과만 상종한다면, 하나님이 받으실

만한 예배를 드릴 수 없다"고 한다. 모든 계층을 끌어안고 사회통합을 이루어내는 능력 있는 한국교회가 되기를 기도해야겠다. 그것은 하나님의 화해 러브콜(부름공세)에 적극적으로 부응하는 것이기 때문이다. 하나님이 화해하시자는데, 그리고 사람들끼리 서로 화해하라시는데, 무슨 배짱으로 못 하겠다 버틴단 말인가! 온 국민이 모든 장벽을 넘어서 화해의 잔칫상에 둘러앉아 오순도순 평화를 이야기하는 한 해를 꿈꾸어 본다.

2. 샬롬의 크리스마스

"하나님께는 영광, 사람들에게는 평화"를 노래하는 성탄절이 다가온다. 그러나 세계 곳곳에서 전쟁의 포화가 그치지 않고 가난한 아이들이 배고프거나 병들어 죽어간다는 소식이 계속 전해지고 있기에, 평화의 왕으로 강생하신 그리스도의 은총이 유난히 더 그리워지는 계절이기도 하다. 그토록 예수께서 애타게 염원하셨던 샬롬의 나라는 아직도 멀기만 한 숙제로 남아 있는 것일까?

바야흐로 세계는 지금 하나의 거대한 시장이 되어 죽을 각오로 돈을 벌어보자는 신자유주의 사상에 매몰되어 경쟁과 서로 죽임의 소굴이 되었다. 이웃을 죽이지 않고서는 내가 살 수 없다는 지배의 원리를 바탕으로 파워 게임에 몰두하고 있는 세상을 바라보며 우리는 그리스도인으로서 어떻게 처신해야 할지 막막하다. 시장 만능주의의 거대한 회오리바람은 결국 온 인류를 죽이고 말 것인데 어떻게 이 위기를 극복하여야 할지 기도해야 할 일이다.

금년의 선거판에서도 아무 거침없이 쏟아내는 말 가운데 가장 섬뜩하게 가슴을 누르는 것은 "경제가 제일이다"는 어이없는 주제였다. 그야말로 '경제결정론'의 결정판이었다. 과연 그럴까? 더욱 아이로니한 것은 신자유주의와 마르크스주의가 공통적으로 경제결정론을 신봉하고 있다는 사실이다. 실제로 극한적 경쟁은 원초적으로 물질적 탐욕에서 출발한다. 샬롬이 깨어지는 지점이 바로 이곳이다. "욕심이 잉태하면 죄를 낳고 죄가 자라면 죽음을 낳는다"(야고보서 1:15)는 분명한 메시지와 "하나님과 재물을 함께 섬길 수 없다"(누가복음 16:13)는 성경의 명백한 경고에도 불구하고 우리는 별로 듣고 싶어 하지 않는다. 진리인줄 알면서도 외면하고 회피하고 싶은 소위 '불편한 진실'이다.

그렇다면 진정한 샬롬은 무엇인가? 샬롬은 로마가 추구했던 힘에 의한 평화, 지배적이고 제국주의적인 평화와는 전혀 다른 성질의 것임을 다 알고 있다. 가장 으뜸 되는 계명이 하나님사랑과 이웃사랑으로 요약된다면, 우리는 철저히 모든 분야에서 나눔의 가치를 구현하여야 한다. 경제규

모는 날로 커져 가는데 양극화도 역시 기하급수적으로 그 폭을 확장시키는 경제 현실에서 '가짐의 가치'를 극복하고 '나눔의 가치'를 역설하는 교회의 모습이 아쉬울 뿐이다. 다행스럽게도 세계교회협의회(WCC)는 가난선(poverty line)을 정하여 가난 극복 운동을 전개하면서 동시에 필요 이상의 재물을 소유하는 것도 죄로 규정한다는 취지에서 부유선(wealth line)의 설정을 고려해 본다고 하니 기대해 볼 만하다. 아마도 스스로 부유하다고 생각하는 사람은 나눔의 생활을 실천할 절호의 기회에 미소 짓는 행복을 꿈꿀 수 있으리라.

2007년 성탄절에는 아기 예수의 울음소리에서 진정한 샬롬의 의미를 들을 수 있어야겠다. 로마의 화려한 궁전을 택하지 않고 보잘것없는 한적한 시골 베들레헴에서 태어나 십자가에 달리시기까지 하나님의 나라와 샬롬을 외치셨던 예수 그리스도를 따를 생각이 조금이라도 있다면, 크리스마스가 이르기 전에 진정으로 회개하고 깊이 깨닫는 노력이 필요할 것이다.

3. 예수를 죽인 사람들

언젠가 미국에 살고 있는 한국 여성이 어린 자녀를 홀로 집에 두고 직장에 나간 사이 아이가 죽은 사건이 있었다. 생계유지를 위해 그럴 수밖에 없었지만 이 어머니는 자식을 잘 돌보지 못한 죄책감에 "내 아들을 내가 죽였다"고 땅을 치며 통곡하였다. 한국적 정서를 잘 모르는 미국 법원은 그 말을 그대로 통역한 조서를 근거로 유죄 판결을 내려 교포사회가 구명운동을 했던 기억이 난다. 법률적 살인을 한 것은 아니지만 어머니로서 할 일을 못 다한 속죄의 뜻으로 한 말이었다.

어쩔 수 없이 아이를 혼자 집에 두었다가 죽게 만든 어머니의 실수는 용서받을 수 있을지 모르겠지만, 사건의 전말을 번히 알면서 예수를 십자가의 형틀로 보낸 빌라도는 죄를 면하기 어려울 것이다. 마찬가지로 권력구조를 이용하여 사회적 살인을 저지르는 행위는 엄연한 살인이며 이를 방조하는 사람들 역시 공범의 범주에서 벗어날 수 없을 것이다.

불행하게도 인류는 가인이 아벨을 죽이는 형제살해로 역사의 첫 부분을 장식한다. 끔찍한 일이지만 사람 사는 곳에 살인이 있다. 때로 아무런 이유도 없이 '묻지마'식으로 자행되었던 "지존"적 살인과 희대의 "대두"적 살인사건을 경험하기도 했다.

그런데 어떻게 보면 생물학적 직접살인보다 더 무서운 것은 간접살인이 아닌가 싶다. 그런 의미에서 이 세상이 온통 살인으로 가득 차 있다는 생각이 들어 전율을 느낀다. 최근 이어지는 젊은 연예인들의 자살을 보면서 우리 사회의 구조를 점검하고 반성할 계기가 되기도 했지만 끝내 전임 대통령의 비자연적 서거를 목전에 봐야 하는 불행한 국민이 되고 말았다. "최진실의 죽음은 우리 모두의 책임입니다." "대통령님, 지켜드리지 못해 죄송합니다." 이런 표현들은 그나마 우리사회에 마지막 남은 인간적 양심과 최소한의 예의를 보여주는 것 같아 약간의 위로가 되기도 한다.

이쯤에서 2000여 년 전 유대의 한 법정을 중심으로 벌어진 치열한 공방을 통해, 한 젊은이를 기어이 십자가의 형틀로 보낸 사건이 섬광처럼 뇌리를 스친다. 로마의 정치권력과 유대의 종교권력이 절묘하게 야합하여 합법적 절차를

밟아 예수를 죽인 사실은, 빌라도와 가야바가 범행한 간접 살인을 극명하게 보여주고 있다. 복음서의 뉘앙스로 봐서 빌라도는 제법 바르게 재판하려는 의지가 있었던 것으로 보이기도 하지만 대제사장과 그 하수인들, 그리고 어리석은 군중의 압력에 굴복하여 예수를 내어줌으로 결국 전형적인 불공정 재판의 사례로 법학교과서에 남게 되었다.

혹여 하나님의 백성을 자처하며 오늘을 살아가고 있는 우리 자신들 역시 여전히 예수를 죽이는 일에 동참하고 있지는 않는지 살펴봐야 할 때다. 예수는 재판에 불리한 것을 뻔히 알면서도 유대인의 왕 발언을 철회하지 않고 의연히 버티었다. 진리를 짓뭉개려는 주변의 살벌한 권력들이 난무하고 있는데 이를 넘어서기 위한 마지막 카드는 십자

가의 죽음뿐이었을까? 예수의 속 깊은 참 뜻은 궁극적으로 하나님 나라를 이룩하는 일일 터인데, 우리가 하나님 나라에 대한 꿈과 희망의 싹을 잘라버리고 외면한다면 이는 바로 예수를 다시 십자가에 못 박기로 작심한 것과 다를 바 없기에 참다운 회개운동이 절실하다 하겠다. "주 십자가에 달릴 때, 거기 너 있었는가?"하는 질문에 어떻게 응답할 것인가? "나는 예수를 죽게 내버려 둔, 아니 죽인 사람입니다." 이런 말을 하면서 가슴 치며 후회하지 않도록 기도해야 할 때이다.

4. 생명의 하나님

온 나라의 생명이 벼랑 끝에서 신음하고 있다. 그래도 어느 정도 선진국의 문턱에 들어섰다고 자부하고 경제적으로 제법 풍요한 나라 축에 들어간다는 자부심을 가지고 살아가고 있는 터에 구제역과 조류인플루엔자(AI)에 감염된 소와 돼지와 닭들을 무더기로 생매장하고 그 후유증을 보면서 생명에 대한 우리의 무지와 불감증을 새삼 느끼게 된다. 차제에 생명신학 혹은 생명신앙에 대한 교회의 자세에 이상은 없는지 철저히 점검해야 할 시점으로 생각된다. 더구나 대한예수교장로회 총회가 생명살리기운동10년(2002~2012)을 선포하고 실천하고 있는 중이며 총회 산하 전국남선교회연합회가 창립 80년을 기념하여 시작한 생명 · 정의 · 평화(LJP)운동이 중점사업으로 진행되고 있는 상황에서 사회현실은 아랑곳하지 않고 갈 데로 가고 있는 것은 아닌지 절망스럽기도 하고 또 기독교인들 스스로도 무관심으로 일관하지 않았는지 걱정스럽다.

그러던 차에 최근 생명신학에 대한 관심이 고조되고 있는 것은 반가운 일이다. 지난 2월 24일(2011), 각 교단의 대표 목회자들과 평신도들이 참가하여 초교파적으로 생명신학협의회가 창립되었다. 질병, 전쟁, 생태계의 위기, 가난, 죽음의 문화, 과학의 발전, 인권, 사형제도, 한반도의 평화, 무신론에 대한 대처, 영생의 문제를 생명신학의 관점에서 연구하고 실제로 실천하는 방안을 강구할 이 모임에 거는 기대가 크다. 전 지구적 "위기를 극복하고 평화와 생명이 깃든 하나님 나라를 세우고자 하는 신학이 생명신학이고 이를 실천하고자 하는 운동이 생명신학운동이다"고 취지문에서 밝히고 있다.

더 나아가서 2013년 부산에서 열릴 세계교회협의회(WCC) 제10차 총회의 주제가 지난 2월 17일~22일 제네바에서 열린 중앙위원회에서 결정되었다. 끊임없이 파괴되는 샬롬을 회복하려는 과제와 지구상 유일한 분단국가로 남아 있는 한국에서 열리는 점을 감안하여 "생명의 하나님, 우리를 정의와 평화로 이끄소서"(God of Life, Lead us to Justice and Peace!)라는 주제를 선정하였다. 세계의 평화와 아울러 한반도에서의 평화와 일치를 갈구하는 염원이 담겨져 있나 할 것이다.

이제 "살려거든, 생명을 택하여라"(신명기 30:19)는 하나님의 명령으로 돌아와야 한다. 생명을 도구화하여 탐욕의 대상으로 삼는 현대의 생명자본주의(biocapitalism)의 늪에서 헤어 나와 겸손히 하나님 앞에 서야 할 때다. 하늘과 땅, 산과 강과 들과 바다를 모두 돈벌이의 수단으로 삼는 경제지상주의, 시장중심주의, 인간중심주의에서 하나님 중심주의, 생명중심주의로 회심의 전환이 절실하다. 무한성장의 욕구는 암세포가 생명체 자신을 죽이듯이 지구 자체를 멸망시킬 위험한 요소이기에 오늘의 교회는 먹는 것에 대한 탐심을 줄이고 자연을 하나님이 창조하신대로 보전하는 '생태적 감수성'과 '생명의 해방'을 가르쳐야 할 것이다. 욕심–죄–죽음(야고보서 1:15)의 연결고리를 과감히 끊어 내는 거듭남의 변화를 경험하여 참다운 그리스도인이 되어야겠고 그 때에야 비로소 우리는 생명의 하나님을 만날 수 있을 것이다.

5. 평신도 교역자(레이니스터)

이미 몰락을 경험한 유럽교회와 쇠퇴의 길목에 들어선 미국교회에 이어 한국교회에도 위기가 찾아왔다. 위기는 위험한 기회라고들 하지 않는가? 서구교회를 반면교사 삼아 철저한 분석과 대안을 추구한다면 촛대를 한국교회로 옮기시는 성령의 새로운 역사를 통하여 한국은 복음의 선진국으로 그리고 세계 최대의 복음 수출국으로 도약할 수 있을 것으로 믿는다. 따라서 교회의 침체 조짐을 진솔하게 걱정해 보고, 부흥지상주의를 넘어서서 교회의 본질과 사명에 충실한 그리고 지속가능한 교회상을 준비해야 할 것이다.

여기에서 교회 구성원의 대부분을 형성하고 있는 평신도에 주목할 필요가 있다. 종교개혁의 주요 원리는 익히 아는 대로 루터의 '만인제사장설'이다. 가톨릭도 제2차 바티칸 공의회를 통해 모든 그리스도인은 사도로 부르심을 받았다고 선언함으로 사실상 만인제사장설을 수긍한 셈이다. 원래 평신도의 어원인 라오스(laos)는 '하나님의 백성'을 의미하며, 따라서 평신도라는 용어가 적절한 것은 아니지만 편의상 사용되고 있다. 모두가 라오스로서 하나님 나라의 정의를 실천해야 할 사역자들일 뿐이다.

교역자의 활동 무대가 교회 안이라면 평신도는 교회의 안과 밖을 넘나드는 특징과 장점을 가지고 있다. 따라서 평신도는 모이는 교회(에클레시아)와 흩어지는 교회(디아스포라)의 주역으로서 그리스도인의 사명을 다해야 한다. 신학자 한스 웨버(Hans Weber)는 "평신도는 전쟁하는 군인이요, 교역자는 식사 당번"이라고까지 표현하였다. 결국 현대에 있어서 교역자의 능력은 바로 평신도를 도와 활성화하는 능력이다. 교회가 쇠퇴하는 징조가 보인다면 그것은 말할 것도 없이 평신도의 직무유기에서 비롯된 것이다.

평신도는 말하자면 교회를 구성하고 유지하며 발전시키는 기본적인 자원이기에 평신도 없는 교회는 존재할 수도 없고, 반면에 잘 훈련되고 정체성이 확실한 평신도가 풍부한 교회는 발전할 수밖에 없다. 교회의 발전이란 교회 밖의 사람을 교회 안으로 인도하고, 교회 안에 있는 사람을 훈련하여 밖으로 파송하여 선교하는 연속적 행진이다.

후안 카를로스 목사는 "우리 그리스도인은 누구나 다 제사장입니다. 그러므로 목사는 제사장이고 자신은 평신도에 불과하다고 여기는 것은 잘못된 생각입니다. 이렇게 구분하는 것은 성경을 왜곡시키는 일입니다"라고 경고하고 있다. 변화하는 세상 속에서 참다운 교회의 완성을 위해서 그 어느 때보다 평신도의 교역(Ministry of Layman)이 절실히 요청되는 시점에 서 있다. 퓨전의 시대에 평신도 교역자를 의미하는 레이니스터(laynister = *lay*man + mi*nister*)라는 조어를 생각해 봄직하다.

6. "예수결핍증" 빨리 고쳐야

한국교회가 부흥의 정점에 이르렀을 때였을까? 우리는 '천이백만 성도'라는 말을 자주 입에 올렸고 가슴 속에는 '이천만 성도'를 향한 꿈과 비전을 가졌었다. 그러던 것이 점점 '천만 성도' 운운 하더니만 최근에는 슬그머니 '팔백만'어쩌고저쩌고하는 서운한 소식이 들려오고 있다. 물론 숫자에 억매는 것은 아니지만 기독교인의 수가 감소하는 경향성을 알려 주는 대목이다. 인구변화를 감안하면 그렇게 우려할 만한 일이 아니라고 스스로 위로해 보지만, 교회에 대한 사회의 시선이 별로 곱지 않은 최근의 분위기에 대해서는 짚고 넘어가야 할 부분이 있어 보인다. 과거 정직과 신용의 대명사였던 기독교인의 인품에 대해서 인증을 취소하고 교회를 더 이상 거룩한 것으로 봐주지 않는다는 것이다. 교회를 교회로 인정하지 않고 한 술 더 떠, 세상이 교회를 걱정하는 지경이 되었다.

그렇다면 그 원인은 무엇일까? 아마도 교회가 본질을 상

실한 채로 정체성의 위기(identity crisis)에 빠져 있기 때문일 것이다. 세계적인 기독교 미래학자이며 드류대학교의 신학교수인 레너드 스윗(Leonard Sweet) 박사는 "오늘날 교회가 심각한 질병을 앓고 있다. 예수결핍증(Jesus Deficit Disorder; JDD)이다. 예수교회에 예수가 없다"고 칼날 같은 진단을 하였다. 이러한 진단은 교회론 자체에 대한 심각한 부정이며 교회의 미래에 대한 사형선고가 아닐 수 없다. 우리나라의 대표적 기독교 사회학자인 한완상 교수도 역시 십자가를 거부하고 값싼 승리주의에 빠진 교회를 "예수없는 예수교회"로 규정한 바 있다. 교회로부터 왕따 당하고 계시는 예수 그리스도의 아픔을 더 이상 방치해서는 안 될 시급한 상황에 직면해 있다. 더 이상 머뭇거릴 시간이 없다.

그런데 예수결핍증은 영혼이 죽음에 이르는 무섭고 심각한 중병이다. 교회와 시장이 혼동되는 지옥 같은 상황에서 예수 그리스도를 교회로 모셔오는 일이 시급하다. 스윗 박사는 "오늘날 우리에게 필요한 것은 무엇보다도 예수 그리스도를 최우선에 두는 마음"이라고 처방을 내렸다. "내 모든 소원 기도의 제목, 예수님 닮기 원함이라"는 찬송이 정말 진심인가? 가난한 자, 억눌린 자를 위해 예수님께서는 '저 낮은 곳'에 계시는데 우리는 이웃을 지배하는 탐욕적 삶을 위해 '저 높은 곳'으로 마냥 달려가고 있지는 않는가? 나름대로 힘을 다해 신앙생활에 정진하고 있다고 자부하는데 만약 우리가 잘못된 길을 가고 있다면 이 무슨 낭패란 말인가? 십자가는 거부되고 영광만이 난무하는 교회는 더 이상 예수 그리스도의 교회일 수 없다.

그러면 교회의 안과 밖은 무엇이 달라야 할까? 신자유주의 시장경제로 대변되는 지금의 세상에서 기쁜 소식을 전하고 해방을 전파하며 은혜의 시대를 선포하신 예수 그리스도는 우리 존재의 이유다. 예수님께서 이 세상에 오셔서 '하나님사랑과 이웃사랑'을 친히 보여주시고 가르쳐 주셨기에 우리는 그대로 따르기만 하면 되는데, 모범답안대로 하다가는 세상 살기 고달파진다고 판단하여 슬그머니 심정적으로 본질적 예수를 거부하고 변용된 예수를 차용하고 있는 것은 아닌지 모르겠다. 잘 못 수용된 '기독론'과 '교회론'이 판을 치는 작금의 상황에서 예수는 마음 편하게 살아가는데 도움이 되는 악세사리이자 엔터테인먼트로 전락되었고 덩달아 교회는 악한 지도자들이 마음껏 노략질할 수 있도록 물적으로 심적으로 성원해 주는 착한(?) 성도들 덕분에 세속적 악행을 부추기는 지원기관이 되어 버렸다.

세상에서 일어나고 있는 일들이 오롯이 교회 안에서도 일어나고 있다. 끝없는 물신주의, 오만한 지배의식, 부정과 부패로 얼룩진 사회의 난맥상이 그대로 교회 안에 유입되어 있는 슬픈 현상이 우리의 가슴을 아프게 한다. 끝없는 사회적 갈등과 소통부재의 현실에서 아이들은 아깝게 스스로 목숨을 끊고 경제적 폭력에 미쳐 저항할 힘이 없는 저소득층은 손을 놓고 눈물만 흘리고 있을 뿐이다. 누가 이들에게 생명의 희망을 주고 저들의 눈물을 닦아주어야 할까? 누가 이들의 이웃이 되어야 하는가?

빨리 예수님을 모셔오자! 예수결핍증 치료를 서두르자! 한국교회의 지도자들인 목사와 장로의 역할은 대단히 중요하다. 혹시 예수를 잘 모르는 목사 장로가 있다면 문제가 심각하다. 하나님 나라에 대한 오리엔테이션이 안 되어 교회의 사명에 대해 무지하다면 정말 큰일이다. 세상의 변화를 읽어내는 영적감수성을 훈련하고, 종교인의 수준이 아니라 영성인의 경지에 도달하여야 한다. 스스로 또는 연합하여 열심히 공부하고 깨닫는 능력을 키워 예수결핍증을 극복하고, 예수있는 예수교회로 성숙시키는 책임을 다해야 한다. 그때에 비로소 교회는 생명과 정의와 평화가 가득한 공동체로서 그리고 그리스도의 몸으로서 정체성을 확립할 수 있을 것이다. "성령의 능력으로 소망이 넘치는 교회"를 기다리는 마음 간절하다.

7. 죄짓는 권리도 사고 팔 수 있을까?

– 탄소배출권거래제의 가면(假面) –

지구온난화(여기에 관해서는 18쪽 참조)의 부작용들이 코앞에 다가왔다. 심각성을 깨달은 인류는 국제사회에서 공동으로 온실가스의 감축 노력을 시도하게 되는데, 1992년 유엔환경개발회의(UNCED)에서 〈기후변화협약〉을 채택하고, 그 후 좀 더 구체적인 실천 강령을 마련하기 위해 1997년 〈교토의정서〉를 채택하여 온실가스 감축의 의무적인 수치를 정하기에 이른다. 그런데 불행하게도, 막상 온실가스 배출량에서 1등을 달리고 있는 미국이 〈교토의정서〉에 동참하기를 거부하였던 것이다. 아마도 경제적 성장의 동기를 감출 수가 없었던 모양이다. 그러다가 미국, 일본, 중국, 인도, 호주, 그리고 우리나라 등 6개국이 모여서 온실가스의 자율 규제를 주장하는 협의체인 〈청정 개발 및 기후에 관한 아・태지역 6개국 파트너십〉을 구성하였으니 참으로 기이한 일이다. 이 6개국이 뿜어내는 온실가스 배출량은 전 세계 배출량의 47.9%에 이른다. 이 수치라면 스스로 깊이 반성하고 자발적으로 앞장서서 온실가스 감축에 나선다고 해도 나머지 지구인들에게 미안해 해야 옳을 일이다. 그러나 '자율 규제'라는 미명 하에 자기네들끼리 담합하겠다는 뜻을 '파트너십'으로 위장한 셈이니 그 뻔뻔함에 새삼 기가 차지 않을 수 없다. 우리나라는 교토의정서에 서명해 놓고 '안티(anti)교토' 6개국에도 동시에 참여하여 양다리를 걸쳤다. 2005년 러시아의 서명에 힘입어 가까스로 교토의정서가 공식적으로 효력을 발휘하게 되긴 하였지만 여러 가지 문제점을 안고 있다.

최근에는 유엔 산하 기구인 정부간기후변화위원회(IPCC)가 주로 이산화탄소의 감축에 관한 국제간 조정 역할을 하고 있다. 지구촌의 모든 국가들이 환경을 오염시키는 이산화탄소의 감축에 협력하여야 함에도 불구하고 탄소배출권을 사고 팔 수 있는 탄소배출권거래제를 도입하여 선진국들은 여전히 책임을 회피하기에 급급하고 있다. 중세교회의 면죄부 판매를 방불케 하는 이 제도는 지금까지 탄소를 대량으로 배출하던 부국들에게 여전히 탄소를 배출할 수 있는 권리(?)를 부여하므로 회개는 커녕 '죄짓는 권리도 사고 팔 수 있는' 세상을 만들어 가고 있다. 탄소배출권 시장의 규모는 상상을 불허할 만큼 거대하기에 또 다른 대형 시장을 형성할 것이며 여전히 시장우상주의는 또 한 번 위력을 발휘하게 되었다. 우리나라의 저탄소녹색성장의 구호는 바로 이러한 글로벌 시장에 편입하기 위한 노력의 일환이다. 탄소제국주의는 지구생명을 지킨다는 명분 아래 새로운 자본주의의 틀을 노리고 있다. 오염물질 배출권을 상품화하여 또 다른 성장의 동력을 얻자는 의도는 녹색 세상을 만들자는 본래의 취지를 교묘하게 비켜서 여전히 탐욕의 길로 질주하고 있다.

실제로 기독교는 "태초에 하나님이 천지를 창조하셨다"(창세기1:1)는 창조신앙에 기초를 두고 있다. 사도신경 역시 첫 부분에서 "천지의 창조주를 믿습니다"고 고백한다. 창조신앙은 기독교 신앙의 핵심이라 해도 과언이 아니다. 그러나 모든 피조물 가운데 유일하게 '하나님의 형상'으로 지음 받은 인간이 '다스림'의 권한을 위임받았다는 것은 창조의 깊은 뜻을 깨닫고 그대로 실천하라는 것이지, 무슨 오만하고 방만한 악덕 창조주의 행세를 하라는 뜻은 아니다.

중병에 걸려 신음소리를 내고 있는 자연의 고통을 미처 깨닫지 못하고 듣지 못하는 것은 우리의 어리석음 때문이다. 그러므로 지금 우리에게 필요한 것은 생태적 감수성을 회복하는 일이다. 우리는 자연을 함부로 마구 다룬 죄의 값을 톡톡히 치루고 청계천을 겨우 복원하였던 경험을 교훈삼아야 한다. 우리 세대가 자연에 대한 약탈을 계속한다면 아마도 우리 후손들은 모든 소득을 자연 복원에 몽땅 사용하여야 겨우 생존할 수 있을 것이다. 창조신앙의 본뜻대로 새롭게 거듭난 21세기 기독교인들은 이제 지구촌 지킴이들이 되어야 하지 않을까 생각해본다. 생명이 소멸되어가는 것을 보며 아파하시는 그 분의 애타는 마음에 동참하여 창조신앙을 회복하는 한국교회가 되었으면 하는 마음 간절하다.

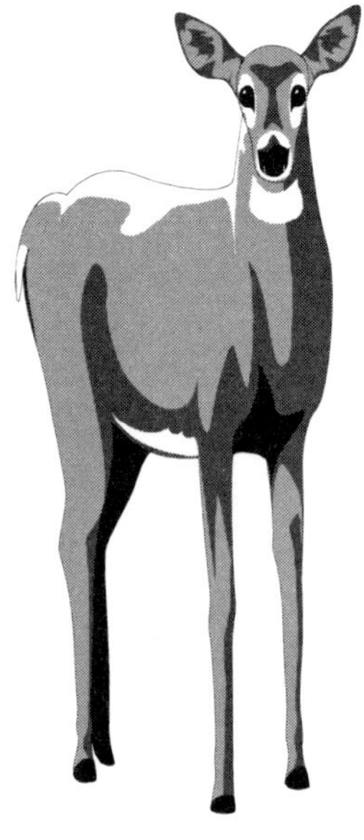

IV

우상주의를 넘어 타원형교회로

성경우상주의 극복: text + situation(context) = texuation (복음상황)

성전우상주의 극복: world + church = worch (세상교회)

성직우상주의 극복: layman + minister = laynister (평신도교역자)

예수께서 그들에게 말씀하셨다. "이 성전을 허물어라. 그러면 내가 사흘 만에 다시 세우겠다."

요한복음 2:19

1. 젊은이와 지성인의 교회 탈출

지식인 선교를 논의하자면 우선 뇌리에 떠오르는 것은 새삼스럽게 누가 지식인인가 하는 물음이었고, 또 한 가지는 기독교 선교에 있어서 왜 지식인이 특별한 대상으로 논의되어야 하는가 하는 의문이었다. 이러한 문제의 발단은 두 가지 관점에서 조망이 가능하다고 본다. 첫째는 기독교 선교가 잘 이루어져 교회가 제대로 발전하고 있는데, 지식인 선교 부분이 유독 미약하여 이를 보강하여야 할 필요성이 있다는 좀 단순한 판단일 것이고, 다른 하나는 선교 자체에 문제가 있어 교회의 성장에 제동이 걸린 중요한 원인 중에 지식인 선교의 취약점이 내재해 있다는 관점이다. 아마도 두 생각을 모두 아울러 선교 자체에 관한 문제를 다루면서 특히 지식인 선교를 중심으로 다뤄보자는 발상이 이 글의 의미성일 것이다. 필자는 신학자도 목회자도 아니며 다만 교회의 미래를 걱정이나 하는 평신도에 불과하기에 신학적 논변은 가당치도 않고 그저 평소에 생각하던 것을 이야기나 하는 정도라는 사실을 널리 헤아려 주시기를 바란다. 발제 부탁을 강하게 사양하지 못한 것을 후회했지만 나중에 보니 신학이 아니라 신앙 심포지엄이라는 사실을 발견하고 일순간 다행이다 싶었으나 그 역시 착각이었음을 고백하지 않을 수 없다. 신학도 신앙도 어느 것 하나 소홀히 놓칠 수 없는 두 마리 토끼이기 때문이다. 한 기독교인이 상당한 세월에 걸쳐 교회 다녔던 이야기와 앞으로 어떤 교회생활을 해야 할지를 고민하는 모습을 보여줄 뿐이며 나머지 모자라는 부분은 토론자와 청중의 몫으로 넘기고자 한다.

필자가 대학생활을 하던 중 영락교회 대학생회 모임에서 어느 날 다음과 같은, 약간은 자조적인 대화를 나눈 적이 있다. 똑똑한 친구들은 초등학교 졸업과 함께 교회를 떠나고, 좀 덜 똑똑한 친구들은 중학교, 그리고 고등학교 졸업 즈음까지 교회를 다니다

교회를 떠난다. 그런데 지지리 못난(?) 우리들은 대학생이 된 지금에도 여전히 교회에 다니고 있다는 내용이었다. 기독교인 입장에서 별로 유쾌하지 않지만 그래도 젊은이들이 기에 거침없이 자신을 분석하고 성찰하려는 성실한 태도가 아니었나 자위해 본다. 지금 만나면 아직도 교회에 다니느냐고 안부를 묻고 못내 천연기념물이라도 보는듯한 표정을 짓곤 한다. 이런 사례가 별로 많지 않기를 바라지만 이것은 비율의 문제라기보다 무언가 한국교회 현실의 상징성을 보여주는 듯하여 가슴이 아프다. 회고컨대 당시의 대학생은 동년배의 10%가 채 되지 않는 숫자였고 지금과는 달리 대학생을 엘리트라고 지칭하였던 시절이었다. 그때 필자는 교회와 사회의 발전과 개혁을 위해 '제도권 안에서의 운동권'이 필요하다는 발상을 하였는데, 유대교를 박차고 나왔던 바울이나 중세 카돌릭 교회에 온몸으로 저항하며 뛰쳐 나온 마틴 루터에 비하면 대단히 온건주의적이고 통합주의적인 입장이 될 것이다. 그리고 아마도 아직까지 실체적 교회를 떠나지 못하게 잡아두는 힘이 되었는지도 모르겠다.

지식인 선교를 논하는 것은 너무도 당연히 지식인들을 어떻게 교회 안으로 인도할 것인가의 문제일 것이다. 그런데 사실은 이미 교회가 사회로부터 점점 유리되어 선교의 위기상황이 되었고, 더구나 지식인의 선교 문제는 더욱 더 어려운 것으로 추정되고 있다. 요즘 기승을 부리고 있는 안티기독교 움직임은 돌들의 소리라 생각하여 차라리 고맙게 생각해야 할 것 같다. 대부분의 사람들이 기독교에 관해 철저히 무관심으로 일관하고 있어서 결과적으로 '잊혀진 교회'가 되는 것이 더 무섭기 때문이다. 이러한 상황에서 사랑의교회에서 최고의 지식인이라 할 수 있는 교수들이 선교회를 조직하여 활동하는 것으로 참으로 귀한 일이다.

차제에 오늘날 교회의 모습을 분석 정리해 보고자 하는 것은 미래의 교회를 설계할 기반을 마련하고 궁극적으로 왕성한 지식인 선교로 연결시키기를 소망하는 표현이며, 지극히 먼 곳에서 대단히 간접적인 방법을 이야기하는 셈이 될 것이다. 이것이 바로 지속가능한 교회를 향한 여정의 출발점이라고 생각하기 때문이다. 그리고 이 작업은 이미 필자 등이 제시한 '타원형교회'의 모델(이 책의 63쪽과 한국장로교출판사에서 발행한 『하나님나라와 생명살림』 참조)을 지향점으로 하고 있다.

전통적으로 기독교는 우상숭배를 금기시하였고 성서가 의도하는 신학적 표명은 언제나 우상화를 시도한 세력의 몰락을 보여주고 있다. 우상화의 특징은 강력함에 대한 지향성에서 출발하여 맹신을 야기하고 결국 주변 환경과의 소통이 단절되는 양상으로 이어지기에 고립화를 자초한다. 우상화는 생명력을 상실하는 것이며 볼 눈을 감아버리며 들을 귀를 닫아버려 결국 바보의 벽을 쌓고 만다. 그렇다면 한국교회는 어떠한 벽 안에 갇혀 있으며 사회와 소통하는데 어떠한 장벽이 놓여 있다는 것인가? 교회의 발전을 근본적으로 가로막고 있는 저해요인은 과연 무엇일까? 이러한 질문들 속에서 한국교회의 현주소를 발견하고 새로운 길을 개척할 묘수를 찾아야 한다.

이제 우리의 현실을 직시하고 솔직하게 스스로를 들어내어 분석해 보자면 한국교회에 3가지 우상주의가 팽배해 있다는 인식으로부터 출발한다. 그것은 바로 성경우상주의와 성전우상주의 그리고 성직우상주의다. 얼핏 듣기에 성경과 성전과 성직은 우상이라고 감히 언급하기에 대단히 부적절해 보이고 거북하기 짝이 없지만 교회 내에 '주의'로서 자리잡고 있어 교회의 본질과 사명에 걸림돌이 되고 있다. 따라서 이에 대한 철저한 분석을 바탕으로 해체작업을 단행하고 대안을 마련하여 생명을 나누는 역동적 교회의 모델을 정립해야 한다. 세 가지 우상주의를 차례로 생각해 보기로 한다.

2. 성경우상주의를 넘어 생활신앙인으로

"나의 사랑하는 책, 비록 헤어졌으나 어머니의 무릎위에 앉아서 재미있게 듣던 말 그때 일을 지금도 내가 잊지 않고 기억합니다. 귀하고 귀하다 우리 어머니가 들려주시던 재미있게 듣던 말 이 책 중에 있으니 이 성경 심히 사랑합니다." (찬송가 199장)

"달고 오묘한 그 말씀 생명의 말씀은 귀한 그 말씀 진실로 생명의 말씀이 나의 길과 믿음 밝히 보여 주니 아름답고 귀한 말씀 생명샘이로다 아름답고 귀한 말씀 생명샘이로다." (찬송가 200장)

어린 시절 교회학교 때부터 마음에 새겨진 성경에 대한 사랑을 부정할 사람은 아무도 없다. 기독교인치고 성경을 사랑하지 않는 사람이 어디 있겠는가? 그런데 문제는 우리가 귀하게 여기고 사랑하는 성경의 말씀이 우리의 생활 속에서 어떤 징표로 나타나고 있느냐는 것이다. "달고 오묘한 그 말씀"이 "생명의 말씀"으로서 나의 길과 믿음을 밝히 보여 주는 효능을 가지고 있냐는 의문이다. 한국교회가 신도들로 하여금 성경을 바로 보도록 가르치는데 실패한 것은 아닌지 의아스럽다. 혹 일반 신도의 의식 속에 성경은 막연히 좋은 것, 그리고 절대로 건드려서는 아니되는 거룩한 것, 그러다 못해 아예 우상으로 존재하지는 않는지 생각해 봐야 할 시점이다.

아주 쉬운 예로 흔히 교회에서 성경 다독을 장려하고 있는 현상을 목격하게 된다. 연말이면 많이 읽은 사람들에게 상을 주며 다독에 대한 경쟁심을 불러일으킨다. 열심을 다하여 읽는 사람은 10독 이상의 기록도 세운다. 그러다 보니 전문적으로 속독을 연구하여 기술적으로 다독할 수 있는 방법이 개발되어 '100독' 등 기록에 대한 도전의식도 형성된다. 마치 다독 기능올림픽에라도 출전할 채비를 갖출 기세다. 물론 성경은 읽는 것만으로도 가치있는 일이며 우선 읽어야 그 다음 단계로 넘어갈 테니 많은 교인들이 성경을 열심히 읽는 것은 대단히 좋은 일이다. 그러나 읽는 것 자체를 절대시하여 목표

로 삼을 수는 없는 노릇이다. 덧붙여 성경 베껴 쓰기를 경쟁시키는 교회도 있다. 몇 번의 횟수를 채우지 못하면 마치 죄인처럼 취급하기도 한다. 이 모두가 현대적 학생 중심의 교육 방법으로는 사용하지 않는 구시대적 교육방식이다. 이 말에 대해 오해가 있어서는 안 된다. 읽는 것만으로는 만족할 수 없고 심한 갈증을 느끼는 계층이 분명히 있다는 말이다. 다양화하자는 말이다. 말씀이 생명력을 가지고 우리의 삶에 깊이 개입하며 변하여 새 사람 되는 능력으로 나타날 때에 성경의 진정한 가치는 발현되는 것이다.

그런 점에서 성경이 비록 '문자'로 쓰여 있으나 심오하게 표현하고자 하는 '뜻'이 따로 있다는 사실을 인식할 필요가 있다. 소위 축자영감설이나 성서무오설을 내세워 첨예하게 대립되고 있는 문자와 뜻의 긴장 관계를 정립할 필요가 있다. 어쩌면 기독교의 모든 논쟁은 성경을 '문자로 보느냐? 뜻으로 보느냐?' 하는 문제에 집중된다.

우리의 성서관이 우상주의의 형태를 띠고 있는 한 문제의 해결은 어렵다. 한 가지 예를 들어 "복음서는 사진(photograph)을 모아 놓은 앨범이 아니라 그림(portrait)을 모아 놓은 화첩"(김득중 교수의 『주요 주제를 통해서 본 복음서들의 신학』 참조)이라는 관점은 이 점을 명확하게 설명해 주고 있다. 그림을 사진이라고 우기는 한, 바보의 벽은 높아만 간다. 복음서 기자들은 아마도 나사렛 삶의 현장을 지켰던 예수 그리스도의 모습을 담아내려 노력했을 것이다. 사진을 찍었을까? 그림을 그렸을까? 주후 60년 이후쯤에 기록되었을 것으로 추정되는 복음서들은 사진일까? 그림일까? 성경이 전해주려는 복음의 명확한 뜻을 헤아리기 위해서는 우선 성서관을 명확히 해야, 끊임없이 일어나는 의혹을 해소할 수가 있다. 사진감상법과 그림감상법의 혼동은 깨달음의 혼돈으로 이어지기 때문이다. 필자의 개인적인 경험으로는 대학시절 성경형성사를 처음 접했을 때 충격과 감격을 잊을 수가 없다. 바로 성경우상주의가 깨어지는 순간이었다. 모순이라고 생각되었던, 그래서 미덥지 않았던 부분이 깨끗이 정리되고 일생을 인도하고 지켜주는 말씀으로 정립되는 축복의 사건이었다. 숨기고 위장하고 잘 못 가르쳐준 선생들에 대한 아쉬움을 금할 길이 없었다. 성경을 바로 보는 안목은 우상주의적 성서관의 해체에서 출발한다.

성경우상주의 해체의 주역은 누가 뭐래도 하나님 나라의 꿈을 실현하기 위해 로마의 정치권력과 유대교의 종교권력에 필사적으로 저항했던 역사적 예수라 아니할 수 없다. 예수의 산상설교에서 반복적으로 "……라고 말하는 것을 너희는 들었다. 그러나 나는 너희에게 말한다. ……"

는 어법을 사용하고 있다. 물론 여기에서는 구약성경을 지칭하겠지만 율법에 대한 문자적 적용을 넘어서 상황적 적용을 강조하고 있는 어법임에 틀림없고, 이는 성경우상주의의 폐해를 지적하는 것으로 해석해도 무방할 것이다.

그렇다면 성경우상주의 해체의 결과로 나타나는 유익은 무엇이며 지향점은 무엇인가? 그것은 바로 본문(text)과 맥락(context)의 관계를 파악하고 이해하여 상황(situation)으로 접맥시키는 작업이다. 본문만으로 살 수 없고 본문 없는 맥락은 의미가 없다. 삶의 현장에서 생생하게 활동하는 성서의 맥락은 바로 삶 자체다. 죽어 있는 '문자'를 살아 있는 '뜻'으로 생기를 불어넣는 작업이야말로 복음을 복음되게 하고 교회를 교회되게 하는 요점이다. 한국교회의 신자들이 최우선적으로 습득해야 할 것은 성서 본문을 세상 맥락으로 읽어내는 능력을 배양하는 일이다. 텍스트에의 집착과 문자적 맹신을 벗어나 삶의 자리에서 맥락을 읽어내는 일은 위기에 처한 교회로부터 생명력을 회복하는 작업이다. 성경우상주의를 극복하여 복음이 살아 움직이는 교회를 건설하는 일이 첫 번째 과제다. 본문과 맥락, 그래서 복음과 상황이라는 두 초점이 적절한 조화를 이루어 내어 생활신앙을 일구어 내어야 진정한 그리스도 인으로 거듭날 수 있을 것이다. 이것이 성경우상주의를 넘어 세상 속에서 말씀을 풀어내어 누룩처럼 전파하는 타원형교회의 모습이다.

3. 성전우상주의를 넘어 참 좋은 이웃으로

예수께서 그들에게 말씀하셨다. "이 성전을 허물어라. 그러면 내가 사흘 만에 다시 세우겠다." (요한복음 2:19)

"우리 조상은 이 산에서 예배를 드렸는데, 선생님네 사람들은 예배드려야 할 곳이 예루살렘에 있다고 합니다." 예수께서 말씀하셨다. "여자여, 내 말을 믿어라. 너희가 아버지께, 이 산에서 예배를 드려야 한다거나, 예루살렘에서 예배를 드려야 한다거나, 하지 않을 때가 올 것이다." (요한복음 4:20~21)

하나님 나라의 현실적 실체로서의 교회는 복음이 전파되는 베이스 캠프이자 최일선 전투부대이기도 하다. 세상 사람들이 기독교에 대해 눈으로 보고 피부로 느끼는 것은 교회의 행태를 통해서다. 여론 조사에서 기독교가 인기가 있다든지 떨어졌다든지 하는 것은 바로 가시적인 교회 현상에 관한 이야기다. 그리고 물론 이 모든 현상들은 교회 안에 적을 두고 있는 사람들에 의해 이루어진다.

그런데 최근 논의되고 있는 교회의 위기는 어디에서 비롯된 것일까? 교회 발전에 제동이 걸리고 위기감이 감도는 제1차 원인은 과연 무엇일까? 그것은 세상과 밀접하게 관계 맺음을 가져야 할 교회가 세상과 사이에 높은 담벽을 쌓고 세상과 유리된 형태를 취하고 있는 데서 오는 것이다. 더욱 심각한 문제는 교회와 교회당마저 혼동하는 경우가 허다하다는 것이다. 기독교인은 교회를 사랑한다. 나쁠 것이 없다. 그런데 문제는 교회만 사랑한다는 것이다. 교회 밖에 있는 사람들이 그렇게 오해(?)를 한다. 그 동안 어쩌면 교회 중심으로 살라고 세뇌당해 왔다. 자신이 속해 있는 사회나 심지어는 가정보다도 교회가 중요하다고 가르쳐 왔다. 현실적으로 사회생활보다 교회생활을 열심히 하여야 소위 '독실한' 크리스천으로 대접을 받는다. 이제 교회생활은 영성을 가진 마음의 문제가 아니라 예배를 비롯한 모임의 참여 횟수, 특히 새벽기도회 참석, 십일조의 액수, 눈에 보이는 교회당의 확장과 단장에의 기여 등 외형적 조건에 의해 결정된다. 이러한 현상을 일단 성전우상주의로 규정해 보자. 독점적이고 배타적 사랑이 사회적 '왕따'로 연결되는 불행한 결과를 초래하고 있다. 여기에 사도적 교회의 회복을 위한 생산적 교회론의 필요성이 대두된다.

한국사회에서 기독교는 제법 강력한 세력을 형성하는데 성공하였다. 소위 출세한 사람들의 기독교인 비율은 전체 국민 중 기독교인 비율보다 훨씬 높다. 그러나 그러한 현상이 복음의 확장이라든지 기독교적 가치의 보급과는 별로 깊은 연관이 없어 보인다. 쉽게 말해 교회성장과 사회발전은 함수관계가 없다는 것이다. 가게는 부실한데 호객행위만 요란하지는 않는가? 전파 매체를 이용한 홈쇼핑에서 매출이 날로 증가하는 것 같은데 반품은 더 빨리 증가한다면 언젠가는 도산할 수밖에 없다. 품질로 승부를 걸어야 지속가능하다. 교회의 외적 성장보다는 복음의 전파라는 본질을 속히 추슬러야 할 것이다.

그렇다면 사회로부터 고립된 교회를 회복하는 길은 무엇일까? 교회의 본질과 사명으로 돌아가야 한다. 우리는 상식적으로 흔히, 선포적인 사명(kerygma), 봉사적 사명(diakonia), 친교적 사명(koinonia), 교육적 사명(didache)의 네 가지로 교회의 사명을 논의한다. 우선 기본으로 돌아가서 이 기능을 철저히 점검할 필요가 있을 것이다. 이 기능만 제대로 수행된다면 교회의 존재는 명확하게 세상으로부터 인정을 받을 수 있고 격리될 하등의 이유가 없다. 그런데 이 기능의 수행을 원천적으로 봉쇄하는 원인은 바로 성전우상주의다.

성전우상주의 해체의 몇 가지 역사를 우리는 알고 있다. 아마도 '성전을 허물라'는 추상 같은 예수의 경고는 성전우상주의의 해체 명령의 전형적 형태다. 아직도 성전과 교회의 차이를 인식지 못하는 불감증이 있다면 이거야말로 큰일이다. 아니면 모른 채 하는 것이 이득이 된다고 생각해 일부러 그렇게 한다면 교회의 미래는 불투명해진다. 그 다음 종교개혁과 함께 시작된 "교회는 항상 개혁되어야 한다"(Ecclesia semper reformanda)는 구호는 여전히 오늘날도 유효하다. 끊임없는 개혁의 몸부림이 요청되고 있는 이 시점에서 교회는 패러다임 변화를 통해 세상을 향한 화해의 손짓이 필요하다. 세속과 손잡고 의연하게 존재하는 교회라고 한다면 세속적이라고 비난할 것인가? 세속화(secularization) 작업과 세속주의는 명확하게 구분되어야 할 것이다. 성전우상주의의 해체를 통해 세상과 공존하는 교회로 자리매김 하자는 것이 타원형교회론의 두 번째 제안이다. 다시 말해 세상과 교회의 두 초점이 이루어 내는 생명력 있는 교회를 말하는 것이다.

따라서 성전우상주의의 해체는 기독교인 각자로 하여금 적극적이고 구체적이며 일상적인 생활신앙을 살아내라는 요구로 새롭게 전이된다. 하나님의 몸인 세계 속에서 그 몸의 고난에 동참하며 치유와 보살핌에 힘쓰는 모든 행위가 신앙의 표현이 될 것이다. 이와 같은 실천적 교회론이 가능하려면, 교회는 고압적이거나 선언적 태도가 아닌 열린 자세로 세상과 만나며, 대화적 자세로 세상과 소통해야만 한다. 개인의 영혼구원과 사회참여, 그리고 창조세계의 보존을 동시에 도모하는 통전적 기독교인을 양육하는 곳, 그곳이 교회여야 한다. 몸은 세상에 살고 있지만 그 마음 속에는 하늘의 뜻을 땅에서 이루어 내려는 의지로 가득한 사람들을 만들어 내는 타원형교회로 가자는 것이다.

4. 성직우상주의를 넘어 환상적 동역으로

"목사가 독재를 하게 되면 그것은 세상의 그 어떤 독재자보다 더 나빠질 수 있다. 그러므로 독재 중의 가장 나쁜 독재가 목회자의 독재라고 할 수 있다. 세상의 독재자들은 삼권만 장악하지만 교회의 독재자들은 삼권보다 더 무서운 영권(靈權)까지 장악하여 무당과 같은 행동도 서슴지 않는다." (생사를 건 교회개혁, p.82 김동호)

'장로의 파워가 커지면서 장로들이 교회의 주인이요 사주요 고용주인 것처럼 행세하는 스타일로 가고 있는 것입니다. 저들은 장로교를 '장로교파 사람의 교회'(prebyterian church)로 이해하지 않고 '장로들의 교회'(elder's church)로 이해하고 있습니다. 지금 한국교회는 목사와 장로들의 파워 게임에 의해 서서히 몰락해가고 있다고 해도 절대 과언이 아닙니다." (위의 책 p.149)

마틴 루터의 종교개혁은 만인제사장직론에서 출발하였다. 그런데 유난히도 한국교회는 목회자에 대한 존경심이 높아서인지 목회자 의존도가 비정상적으로 높다. 유교의 권위주의적 전통이 그대로 교회 안에 유입되어서 일까? 그렇다 보니 덩달아서 장로의 권위주의 역시 만만치 않다. 일반 교인들만 불쌍하다. 정말로 교회는 성직자 그들만의 교회인가?

그러나 다원화된 사회 속에서 교회의 미래는 평신도를 어떻게 동력화(mobilization)하는냐에 달려 있다. 교회의 부흥이란 교회 밖의 사람을 교회 안으로 인도하고, 교회 안에 있는 사람을 훈련하여 밖으로 파송하여 선교하는 연속행진이다. 모이는 구조(coming structure)와 흩어지는 구조(going structure)는 평신도에 의해 이루어진다. 교역자의 활동 무대가 교회 안이라면 평신도는 교회의 안과 밖을 넘나드는 특성을 가지고 있다. 따라서 평신도는 모이는 교회(에클레시아)와 흩어지는 교회(디아스포라)의 주역으로서 그리스도인의 사명을 다하여야 한다. 신학자 한스 웨버(Hans Weber)는 "평신도는 전쟁하는 군인이요, 교역자는 식사 당번"이라고까지 표현하였다. 결국 현대에 있어서 교역자의 능력은 바로 평신도 활성화의 능력이다. 평신도 자원에 대한 심각한 고려 없이 교회의 미래는 결코 담보할 수 없다.

어원적으로 평신도를 지칭하는 단어 라오스(laos)는 본래 '하나님의 백성'이라는 의미를 지니고 있다. 성서적 근거 역시 평신도를 명확하게 규정하고 있다. “여러분은 택하심을 받은 족속이요, 왕과 같은 제사장들이요, 거룩한 민족이요, 하나님의 소유가 된 백성입니다”(베드로전서 2:9). 뿐만 아니라 평신도신학의 여러 곳에서 성직자와 평신도의 구분을 철폐하려는 노력이 엿보인다. W. 로빈슨은 그의 책『만인제사장론』에서 “모든 그리스도인은 하나님의 평신도(라오스)요, 또한 그들은 모두 하나님의 성직자(클레로스)이다”라고 서술하였다. 심지어 카톨릭도 제2차 바티칸 공의회를 통해 발표한 평신도 사도직에 관한 교령에서 “평신도 사도직은 그리스도 신자로 불리었다는 사실에서 유래하는 것이므로 교회 안에서 절대로 없어질 수 없는 것이다”라고 하여 그리스도인이 된다는 사실 자체가 바로 사도직을 받는다는 의미라는 규정을 내리고 있다.

더구나 인간의 권리에 대한 인식이 제고되고 민주적 제도가 정착되어가는 현대사회에서 성직자와 평신도의 구분은 기능상의 구분일 뿐이다. 교역자와 평신도 사이의 동반자 관계 확립은 교회 발전의 중요한 변수다. 사회가 민주적이고 개방적으로 발전하고 있는 것은 막을 수 없는 대세다. 현대적 교육을 받는 다음 세대는 비합리적인 위계질서를 거부하는 세대이다. 권위적 목회자상은 더 이상 통용되지 않는다. 젊은 세대로 하여금 교회를 낯선 곳으로 인식케 하여서는 안 된다. 교역자와 평신도의 철저한 동역자 의식이 필요하다. 그야말로 환상적 동역(fantastic partnership)의 확립이 필요하다.

목회자에 버금가게 비중을 차지하고 있으면서 평신도인 장로의 역할 또한 중요하다. 그런데 이상하게도 목사와 장로의 긴장 관계가 곳곳에 상존하고 있다. 권위주의를 바탕으로 우민화 목회를 지향하는 목회자를 그대로 인정하고 따르면 별 문제도 없고 평온하다. 실제로 그런 생각에 순응하는 평신도들은 얼마든지 있기 때문이다. 그런데 여기에 장로를 포함하는 소수 그룹이 저항을 시작하면 이때까지 숨을 죽이고 순종하는 것처럼 보였던 다수의 평신도들이 의외로 기지개를 펴고 동참한다. 때로는 미성숙한 장로들의 행동이 교회와 교인들을 근심하게도 한다. 노회나 총회에는 공공연하게 장경동(장로 경시 동아리)이 존재하고 이들은 결국 장로들에 의해 종부세(종교개혁정신을 부정하는 세력)로 규정되기도 한다. 노회나 총회의 제도에서 상대적으로 우위를 점하는 목회자들에 대해 인종차별 같은 모멸감을 느끼는 장로들도 적지 않다. 모두 쓸모없이 에너지를 낭비하고 있는 현상들이다. 여기에서 성직우상주의를 넘어서서 목회자와 평신도가 두 초점을 담당하고 협력하여 생명력 있는 교회로 거듭나는 타원형교회의 필요성을 다시 한 번 더 인식할 필요가 있다. 하나님 나라의 시민권자들이 일반 국가의 시민의식을 뛰어넘는 민주적 의식으로 무장할 때에 하나님의 영역은 더욱 확장될 것이다.

V

사회통합에 앞장서는 타원형교회

모든 율법은 "네 이웃을 네 몸과 같이 사랑하여라" 하신 한 마디 말씀 속에 다 들어 있습니다.

갈라디아서 5:14

1. 사회적 책임과 교회

최근 대기업의 사회적 책임을 강조한 이명박 대통령의 발언에 대해 이런저런 이야기들이 많다. 대기업 계열의 캐피털사(할부금융회사)의 엄청난 대출 이자에 대해서도 공정하지 않다는 견해를 밝힌 바 있다. 아마도 친서민 정책을 펼치기 위해 경제상황을 살펴본 바 부의 편중이 걸림돌이라는 인식에 이른 것 같다.

대기업은 천문학적 숫자의 현금을 보유하고 있는데 중소기업은 살길이 어렵다고들 한다. 나라는 부강해져 가는데 빈곤층은 오히려 늘어나고 빈부의 격차는 날로 벌어지고 있다고 하니 걱정이 아닐 수 없다. 국정책임자로서 능히 할 수 있는 고민이고 국민들도 함께 고심해야 할 부분이다.

이쯤에서 남편 우리아를 전쟁터에서 죽게 하고 그의 아내 밧세바를 취하여 아내로 삼은 다윗에게 칼날 같은 질책을 퍼부었던 나단 선지자의 경고가 떠오른다. 양과 소를 많이 가지고 있는 부자가 암양 한 마리를 애지중지 키우는 가난한 이웃의 양을 빼앗아 손님을 대접하였다는 선지자의 예화에 다윗 왕이 화들짝 놀라는 장면이 연상된다(사무엘기하 12:1~15).

경제학자들의 말에 의하면 부자가 부를 축적하는 과정에 반드시 가난한 사람이 보태게 되어 있다고 한다. 대기업의 성장에는 전 국민의 보탬과 희생이 깔려 있다. 잘 이해가 되지 않지만 신자유주의가 판을 치는 현대에서 수긍이 가기도 한다. 소위 빈익빈 부익부의 세상이다.

그런데 요사이 각 분야에서 사회적 책임에 대한 인식이 늘어나고 있어 다행이기도 하다. 실은 기업들도 언제부턴가 사회적 책임 경영(Corporated Social Responsibility; CSR)의 개념을 파악하고 경쟁력 강화를 위해서도 사회적 책임이 중요하다는 인식에 동의하고 있다. 1990년대 초 일본에서는 '기업의 목적은 국민에게 봉사하는 것이며 이윤은 결과적으로 얻어진다'는 새로운 기업개념을 창출하였고, 이를 의인화하여 기업시민이라는 이름을 붙였었다. 기업에 대한 국민의 지지를 중요한 가치로 여기는 기업 개념은 대단히 미래 지향적이라는 생각이 든다.

그런 의미에서 사회적 책임이란 기업뿐만 아니라 온 국민이 모두 각성해야 할 의식이 아닐 수 없다. 주변을 살펴

보면 우리는 모두가 다른 사람의 수고 덕분으로 살아가고 있음을 알 수 있다. 날마다 대하는 음식, 책 한 권, 교통편, 학교, 어느 것 하나 나 혼자서는 얻을 수 없는 것들이다. 날마다 빚을 지면서 생활하고 있기에 사회적 책임은 누구에게나 중요하다.

지식인이나 정치가 같은 사회의 지도층 인사라면 책임은 더욱 중차대하다. 로마인들은 사회지도층의 도덕적 의무(노블레스 오블리주)를 강조하여 세금을 많이 내고 국가에 대한 의무를 많이 질수록 자랑스러워했다. 조선시대의 경주 최부잣집의 가훈에도 "사방 백리 안에 굶어죽는 사람이 없게 하라"는 등 놀라운 사회적 책임 의식이 표현되어 있다.

지금 교회는 유난히 사회적 저항을 심하게 맞고 있다. 대기업을 타산지석 삼아 혹시 교회가 사회적 책임을 소홀히 하지 않았는지 반성해 볼 일이다. 기독교 복음의 핵심을 '하나님사랑'과 '이웃사랑'으로 요약한다면 사회적 책임은 그리스도인의 본질적 책임이다. "네 이웃을 네 몸처럼 사랑하라!"는 우리의 브랜드가 별로 인정을 받지 못하고 "교회는 교회만 사랑한다"는 평가를 받고 있다면 하루속히 복음의 핵심으로 궤도를 수정해야 할 것이다.

2. 시민사회시대를 준비하는 교회

무상급식이라는 지극히 간단한 주제에서 시작된 논쟁이 급기야는 서울시장을 바꾸더니 도미노처럼 연속적으로 한국정치의 급격한 변화를 촉발시켜 놀라움을 금할 수가 없다. 그러한 사회변동이 얼핏 생각하기에 안철수교수나 박원순 변호사 같은 비정치인들을 중심으로 발생한 듯하지만 그런 관찰은 아주 피상적인 것이다. 실제로 시민들의 의식 속에 이미 정치사회에 대한 실망과 시민사회에 대한 갈망이 녹아 있다가 때마침 폭발한 것으로 판단된다. 그리고 그러한 폭발을 가능하게 한 것은 바로 소셜 네트워크 서비스(SNS)의 역할이 결정적이었다는 사실도 간과할 수 없다.

익히 아는 대로 고대 그리스 도시국가(폴리스)시대에는 모든 시민들이 의사결정에 참여하는 직접민주주의 형태가 유지되었다. 그러나 인구가 증가하고 국가의 규모가 확장되면서 국민들이 직접 참여하지 않고 대표자를 선출하여 정부나 의회를 구성하는 간접 혹은 대의민주주의가 발달하였다. 역사에 있어 때때로 시민들이 직접 뽑은 대표자가 민주적 절차를 어기는 경우에는 저항이 일어나기도 하였다. 그러한 과정을 거치면서 대의민주주의가 확립되었고 동시에 시민사회의 씨앗이 자라서 균형을 이루어 왔다.

그런데 여기에서 민주주의적 시민사회의 발달과정과 교회가 밀접한 관계를 갖고 있다는 사실에 주목하지 않을 수 없다. 어쩌면 종교의 성격상 권력이 집중될 수밖에 없다고 규정할 수도 있겠지만, 교회의 구성원이 사람들이고 교회가 존재하고 있는 곳이 사회인 이상, 사람들의 생각과 동떨어진 교회는 생각할 수가 없다. 중앙집권적인 중세의 로마 카톨릭교회가 만인제사장론의 기치를 내건 종교개혁의 저항에 부딪히게 되었고 급기야 개신교가 탄생하는 출발점이 되었다. 바로 만인제사장직의 주장은 오늘날의 시민사회의 중요성과 맥을 같이하고 있다. 그런 점에서 기독교는 사회발전의 최첨단에서 소금과 빛의 모습으로 세상(오이쿠메네)을 이끌어가는 견인차가 되어야 할 것이다. 그러나 불행하게도 세상이 교회를 걱정하는 아이러니 속에서 새로운 교회론에 대한 시대적 요청에 직면하게 되었다.

한국교회의 발전을 가로막고 있는 장애요인 중 하나는 목회자 의존도가 너무 높다는 사실이다. 시민사회의 중심에 시민이 있듯이 만인제사장론이 말하는 교회의 중심에는 평신도가 있다. "시민이 시장입니다"라는 서울시장의 언표 속에 들어 있는 시대정신을 타산지석 삼아 "모든 신자가 다 목회자입니다"라는 최근의 글처럼, 시민사회시대에 걸맞은 교회론을 도출해내야 할 것이다. 실제로 평신도의 어원인 라오스(laos)는 성경에서 하나님의 백성을 의미하고 있으며 오늘날 우리가 구별하여 사용하는 목회자와 평신도를 모두 포함하는 용어인 것이다. 그리고 신약에서는 "왕 같은 제사장"(베드로전서 2:9)을 선언하기에 이른다. SNS의 출현은 지도자(leader)와 구성원(member)의 구별을 무색케 하고 있다. 누구라도 순식간에 세계적으로 주목받는

인물이 될 가능성을 가지고 있다는 말이다. 카톨릭교회는 이미 제2차 바티칸 공회에서 “모든 평신도가 사도”라고 규정한 한 바 있고 후안 카를로스 오르티즈 목사는 “그리스도인은 누구나 제사장입니다”라고 주창하였다. WCC 성서연구부장이었던 신학자 한스 웨버는 “평신도는 전쟁하는 군인이요, 교역자는 식사 당번”이라는 표현을 쓰기도 하였다.

조수처럼 밀려오는 시민사회시대의 도래는 교회 안에서 평신도의 막중한 사명을 암시하고 있다. 목회자와 평신도는 환상적 동반자관계(fantastic partnership)를 통해 하나님의 교회를 책임지고 섬겨야 할 것이다. 목회자와 평신도가 상호협력하고 기능을 보완하여 수평적이고 민주적인 관계를 확립할 필요가 있다. 끊임없이 변화하고 있는 사회 속에서 지속가능한 교회로 성장하여 하나님의 영광을 드러내도록 기도할 때다.

3. 사회통합을 이끌어내는 휴가 보내기

통상 여름휴가라 하면 평상의 일과 집을 벗어나 정해진 기간 산이나 바다 등의 자연 속에서 지내든지 혹은 국내외로 여행하는 것을 의미한다. 그런데 기독교인의 경우 조금 양상이 달라진다. 교회에서 여름철은 각급 교회학교의 여름성경학교가 열리고, 교회 내 각 단체의 수련회와 노회 단위의 각종 연합수련회가 상당수 진행된다. 더 나아가서 장로회와 남선교회의 전국대회가 열리기도 한다. 따라서 기독교인의 여름휴가는 그러한 행사에 참여하는 것으로 휴가와 수련을 겸하게 된다. 웬만큼 교회생활에 충실한 교인이라면 교회행사 두세 모임에 참여하여야 하고 교계 이외의 사회적 행사에 참여할 시간을 내기란 어려운 상황이 된다.

그런데 이쯤에서, 변화하는 세상을 향한 적절한 선교전략을 구상하기 위해 발상의 전환이 필요하다는 생각을 해봄직하다. 총회가 활발하게 전개한 예장300만 성도운동은 교회 내부의 일회성 행사가 아니라 교회 밖의 사람들을 안으로 이끌어 와야 성공할 수 있는 운동이다. 따라서 때를 얻든지 못 얻든지 세상 사회의 움직임에 능동적으로 참여할 각오가 있어야 그 성공이 담보될 것이다. 그렇다면 교회 밖의 사람들과 활발하게 교류할 수 있는 환경을 조성할 필요가 있다. 말하자면 '모이는 교회' 못지않게 '흩어지는 교회'에 신경을 써야 한다는 말이다. 가뜩이나 안티기독교 움직임이 기승을 부리는 마당에 우리 내부 행사에 에너지를 다 소진해 버리면 밖으로 뻗어나갈 기력이 없어지고 말 것이다.

이러한 문제를 해결하기 위해 첫째로 우선 시민운동 같은 사회운동에 적극적으로 참여할 필요가 있다. 다시 말하면 비기독교인들과 함께 어울리고 일할 수 있는 기회를 대폭 늘리자는 말이다. 교회 내부의 행사 효율을 제고하고 평상시에 철저한 교육을 통해 자질을 향상시켜 성도를 세상으로 파송하여야 한다. 책상에 오래만 앉아 있다고 공부 잘하는 것은 아니다. 공부의 목적은 나가서 사용하기 위해서다. 시민으로서의 장점과 기독인으로서의 자질을 고루

갖춘 평신도 자원을 양성하는 일이 시급하다.

그러나 평신도 선교사들을 사회에 파송하여 참여시키는 일만으로는 복음 전파의 목적을 온전히 달성하기 힘들다. 참여의 단계를 넘어 그가 소속해 있는 사회를 이끌 수 있는 지도자가 되도록 유도하여야 한다. 지도자라는 것이 꼭 높은 자리에 있는 사람만을 의미하지는 않는다. 현대사회에 있어서 가장 유능한 지도자는 통합의 능력을 가진 자이다. 우리 사회는 지금 온갖 분열로 가득 차있다. 별로 경계가 뚜렷하지도 않은 보수와 진보, 무턱대고 불러대는 좌파와 우파 등등 혼란스럽다. 정치가들의 선동에 너무 쉽게 넘어가는 것 같다. 세상에선 법을 내세우기도 하지만 파스칼은 팡세에서 "피레네 산맥 이쪽에서의 정의는 저쪽에서 불의다"라고 상대성을 이야기하였다. 상대적인 명제에 목숨 걸고 우겨대는 사회현상을 경계하지 않을 수 없다. 기독교가 어느 한쪽 편에 매몰되어 버리면 영적지도력을 발휘할 기회를 상실하게 된다. 그래서 성경은 좌로나 우로나 치우치지 말라고 경고하고 있다(출애굽기 20:32).

우리의 명확한 진리의 근거는 "예수 그리스도와 성서"이다. 그리고 그 방법론은 '하나님사랑과 이웃사랑'으로 요약된다. 이번 여름에는 바람직한 기독교인의 휴가문화를 정립하여 사회적 활동에 좀 더 힘쓰며, 사회를 통합하는 일에 앞장서는 기독인들이 많아졌으면 한다. 독서와 명상을 통해 스스로를 성찰하는 시간을 갖도록 노력하고 소외되는 이웃이 없는지 살펴봐야 할 것이다. 궁극적으로 기독인이 사회통합에 공헌하면 한국을 복음화하는 밑거름이 될 것이고 한 걸음 더 나아가 특히 그 동안 공을 들여온 북한선교를 통한 통일은 물론 온 세계를 복음으로 통합하는 소망을 가질 수 있을 것이다. 이 시대에 있어 사회통합은 선교의 또 다른 이름이다.

4. 독립의 완성을 향한 기독인의 다짐

1945년 8월 15일, 우리 민족은 36년간의 일제치하를 벗어나는 해방의 감격을 맛보았다. 그로부터 어언 66년, 지난한 역사를 헤치고 세계적 경제강국의 대열에 합류한 것은 오로지 하나님의 은혜다. 그런데 최근, 극우파라고는 하지만 일본의 국회의원들이 독도가 자기네 땅이라는 망발을 서슴지 않고 있으며, 독도를 방문하겠다고 우리나라 공항까지 쫓아와서 억지를 쓰는가 하면, 미국은 유엔 산하 국제수로기구(IHO)에서 채택하는 지도책에 우리의 동해를 일본해로 단독 표기하는 방안에 흔쾌히 지지를 표명하고 있어 우리의 마음을 상하게 한다. 그 동안 한일간에는 어두운 과거를 뒤로 한 채 나름대로 한일협력관계를 유지해 왔고, 또 미국은 세계 어느 나라보다도 가깝게 지내고 있는 문자 그대로 맹방, 혈맹의 관계라 굳게 믿고 있던 차에 섭섭하고 착잡한 생각이 들면서, 참다운 독립의 의미가 무엇인지를 깊이 생각하게 된다.

실제로 8.15 광복의 기쁨은 잠깐이었고 아쉽게 우리 민족 어느 누구도 원하지 않았던 분단의 질곡에 빠지게 되었다. 그리고 해방의 혼란기가 채 정리되기도 전에 동족의

가슴에 총뿌리를 겨누는 6.25의 아픈 상처를 지니게 되어 분단 상태는 굳게 고착되고 말았다. 해방은 되었지만 다른 한편으로 분단국가로 남게 된 쓰라린 역사에서 우리는 태생적으로 통일의 과업을 가슴에 품을 수밖에 없었다. 그래서 늘 "우리의 소원은 통일, 꿈에도 소원은 통일…통일이여 오라"를 노래하며 분단으로 야기된 미완의 독립이 통일을 통하여 완성될 것을 염원하였다. '통일 없이는 독립이 완성될 수 없다'는 이 명제 속에 과연 어떤 신학적 과제가 숨겨져 있을까?

왜 하나님께서는 독립을 주시면서 다시 분단이라는 고

통을 함께 주신 것일까? "예수 그리스도 안에서 하나님은 세계를 자기와 화해시키셨다. 그러므로 교회는 하나님에 대해서 화해되고 서로서로 화해하라고 사람들을 부른다"고 1967년 신앙고백서는 표명하고 있다. 말하자면 화해와 평화는 그리스도인의 핵심 가치이자 최고의 덕목이다. 그리스도인이 되기 위해서는 이 담금질의 과정을 거쳐야 한다. 한국이 21세기 세계사의 전면에 등장하여 주역을 담당하기 위해서는 화해와 통일이라고 하는 필수과목 시험을 통과해야 한다. 여기에 한국교회의 존재 이유가 있다.

그 동안에도 우리는 여러 방면에서 화해통일에 관심을 가지고 노력해왔다. 박정희 대통령과 김일성 주석을 대신하여 이후락 중앙정보부장과 김영주 조직지도부장이 "서로 상부의 뜻을 받들어" 서명한 7.4 남북공동성명(1972)은 통일노력의 물꼬를 열었다는 점에서 의미가 크다. "통일은 외세에 의존하거나 외세의 간섭을 받음이 없이 자주적으로 해결하여야 한다"는 자주 국가의 독립을 강조한 통일 원칙이 눈에 띄기도 한다. 결정적으로 김대중 대통령과 김정일 국방위원장이 직접 만나는 정상회담을 통하여 6.15 남북공동선언(2000)이 이루어지고, 노무현 대통령과 김정일 국방위원장의 10.4 남북정상선언(2007)을 통하여 실질적 교류의 증가로 이어져 통일을 향한 행보를 재촉하게 된 것은 퍽

이나 다행이다. 그리고 그런 정치적 노력 외에 알게 모르게 진행된 기독교의 통일에 대한 노력과 간절한 기도는 간과할 수 없는 공헌이다.

구약시대에 하나님께서는 아주 작은 족속 이스라엘 민족을 선택하셨듯이, 21세기에는 아시아의 조그만 나라 한국을 들어 쓰실 것이다. 한국의 독립은 아직 미완이다. 화해통일이라고 하는 과제가 남아 있기 때문이다. 통일/통합의 능력이 있어야 세계를 지도할 수 있는 능력이 갖춰진다는 이야기다. 변화하는 세상에서 복음선진국으로 발돋움하기 위해 기도에 힘쓰며 하나님의 뜻을 깨닫기 위해 애써야 할 때다. 일제치하의 "뜨거운 피 엉긴 자취"를 잊어서는 아니 될 것이다.

5. 친서민(親庶民) 그리고 친시민(親市民)적 교회

최근 발표되는 여러 통계자료들에 의하면 우리의 선교가 위축되고 있는 것이 사실이다. 우리 나름대로는 최선을 다해 다방면으로 노력하고 있지만 세상의 현장에서 잘 수용이 되지 않아 효율이 떨어지고 있는 것 같다. 뿐만 아니라 우리의 선교노력에 대한 저항이 강하게 일어나서 반기독교적 정서가 형성되는 등 우리를 당혹스럽게 한다. 어디서부터 무엇이 잘못되었을까? 차제에 우리 자신을 살펴 점검해 보고 새 시대에 적합한 선교전략을 수립해야 할 시점에 서 있는 것으로 판단된다.

선교 초창기 서양 선교사들은 한국에 들어와서 학교와 병원을 세우고 교육선교와 의료선교를 추축으로 성공적 선교를 수행하였고 동시에 많은 교회들을 설립하고 부흥시키는 과정에서 한국교회의 성장세는 결코 둔화된 적이 없었다. 한국교회의 경이로운 부흥은 온 세계가 신기해했고 우리 자신도 놀라워하며 감사로 넘쳤었던 아름다운 추억을 잊을 수가 없다. 말하자면 우리는 성공적인 교회 발전의 역사를 가지고 있다. 따라서 비록 현재의 상황이 다소 실망스럽다고 하여도 현황을 잘 분석하고 지혜로운 선교전략을 세운다면 다시 한 번 한국교회의 르네상스를 구가할 수 있으리라 확신한다.

그러면 우리가 해야 할 일은 무엇인가? 일차적으로 기독교의 정체성을 확립하는 것이 최우선 과제이다. 좀 냉철하게 우리 자신을 성찰해 보면, 현대 교회는 예수 그리스도께서 로마의 정치적 현실과 유대교의 종교적 파행상태에 저항하여 '하나님사랑과 이웃사랑'이라고 하는 하나님 나라의 핵심 가치를 실현하기 위해 나사렛 현장에서 몸부림쳤던 그 모습을 잊어버리고 오히려 로마적 가치와 유대적 가치를 추구하고 있는 어이없는 현실에 직면해 있다. 예수가 하나님 나라의 꿈을 실현하기 위해 끝까지 저항하였던 두 세력은 로마의 정치권력과 유대의 종교권력이었다. 부끄러운 일이지만 '친로마적'이면서 동시에 '친유대교적' 마인드를 가진 교회 지도자들이 자주 신문지상에 거론되고 있다. 선교의 걸림돌인 것이다. 그리고 그러한 지도자들의 행태에 대해 대부분의 일반 신도들은 무관심으로 일관하거나 의식 없이 수용해 버리고 만다. 아니 은근히 지지하고 부러워하기도 한다. 이러한 불감증을 어떻게 극복해야 할 것인가?

해법은 의외로 간단하다. 성경이 가르치는 복음의 핵심으로 돌아와야 한다. 어쩌면 예수님께서 이 땅에 성육신하여 오신 것은 우리에게 하나님을 섬기는 방법을 실제로 보여 주시기 위해서일 것이다. 따라서 우리는 예수님께서 이 땅에 계실 때 몸소 말씀하시고 보여 주셨던 행동을 잘 깨달아서 그렇게 하기만 하면 된다. 하나님 나라에 대한 희망과 열망을 확립하고 행동할 준비가 되어야 한다.

그 다음에는 우리의 삶을 이웃에게 보여 주는 일이 필요하다. 왜 그토록 예수님께서 가난한 사람과 슬픔에 잠긴 사람들을 포함하여 소외된 이웃에 대해 지대한 관심을 가지셨는가를 깨닫는다면 선교전략은 아주 쉽다. 이명박 정부가 집권초기에는 친기업정책을 강조하며 주로 부자들을 위한 정책을 펴는 듯한 인상을 주었는데, 최근에는 친서민적 정치를 하겠다고 정책기조를 바꾼 것으로 보여 다행스럽다. 한 사회나 국가는 중산층 시민이 든든하게 받쳐주어야 건강하게 발전할 수 있다. 그리고 중산층이 단단해지기 위해서는 서민층의 고통에 관심을 가져 나눔과 섬김의 자세를 가지고 관리하여 서민층을 중산층으로 끌어올려 육성하는 작업이 필요하다. 이것은 예수님께서 우리에게 가르쳐주신 더불어 살아가는 생존의 법칙이며 이웃사랑의 기본 원리이다. 교회도 국가와 마찬가지다. 궁핍한 자를 돌아보는 친서민적 선교정책을 추구하면서 동시에 모든 시민들에게 설득력 있는 포용적 선교정책을 확립하여 수행한다면 한국교회의 미래는 훨씬 밝은 모습으로 우리에게 다가올 것이다.

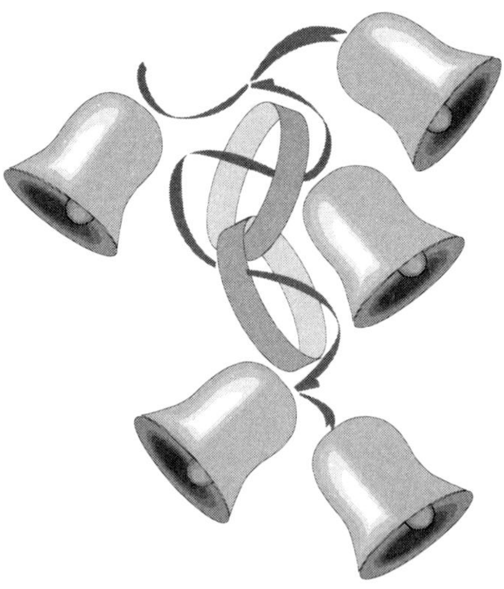

6. 작은이들에게 손을 내미는 사회통합

대한예수교장로회 제97회기 총회가 “그리스도인, 작은이들의 벗”이라는 주제를 선언하고 ‘하나님사랑과 이웃사랑’의 그리스도인 정체성 확립을 향한 대장정에 들어갔다. 이 주제는 한 회기로 끝날 일이 아니고 지속적으로 실천운동을 확산시켜야 할 목표이며 또 작은이들(가난한 이, 다음 세대, 장애인, 다문화가족, 북한동포)을 아주 구체적으로 제시한 점을 보면 실천가능성이 높아 보여 기대하는 바가 크다. 이 주제는 또 교회와 사회가 상호 소통하여 사회통합에 기여할 수 있는 실마리이기도 하여 매우 시의적절한 선택이라 생각된다.

최근 우리 사회는 여러 측면에서 사회적 갈등에 시달리고 있다. 통상적으로 한국사회의 갈등구조를 분석해보면 계층갈등, 이념갈등, 지역갈등, 세대갈등이 상존하고 있으며 이것들이 또 서로 얽혀 있는 복합적 양상을 보여주고 있다. 양극화가 극에 달한 현실에서 갈등에 소비되는 에너지는 측량하기 어려울 정도의 국가적 손실을 초래하고 있어 정치, 경제, 문화, 교육 각 분야에서 갈등 비용 절감을 위한 사회통합(social integration)이 시대적 화두가 되었다. 그러나 사실 따지고 보면, 사회통합은 교회가 전통적으로 간직해온 이웃사랑의 덕목에 고스란히 포함되어 있다는 점을 간과할 수 없다.

그렇다고 하여 기독교적 핵심가치만 자랑하고 자만심에 젖어있을 수 없는 것이 또한 한국교회의 현실이다. 교회에 대한 사회의 신뢰도가 바닥을 치고 있는 마당에, 깨어나 깨닫지 못하면 회복할 수 없는 위기로 내몰릴 수밖에 없다. 사회현상을 잘 관찰하고 분석하여 사회통합에 기여하여야 할 것이다. 선뜻 인정하고 싶지 않지만, 우리 사회는 부유한 자와 가난한 자, 힘 있는 자와 약한 자 등 이분법적 사고가 통용되고 있다. 교단 총회는 사회적 약자를 지칭하여 “작은이들”이라 하였다.

그렇다면 작은이들의 벗이 되는 방법은 무엇일까? 사회적 약자 보호의 의무를 사회통합의 열쇳말(키워드)로 풀어볼 것을 제안한다. 일방적으로 주고받는 관계가 아니라 함께 더불어 사는 사회에 대한 개념을 정립할 필요가 있다. 정치 일각에서 불고 있는 경제민주화라든지 성장과 분배의 균형 그리고 사회복지 논의에 대해서도 관심을 가져야 할 것이다. 어떤 정당이나 지도자가 성서적 가치관을 담은 공약을 제시하는지 면밀히 살펴볼 일이다. 21세기 인간의 생존방식은 더불어 삶 이외는 없다. 살아도 같이 살고 죽어도 같이 죽는 공동운명체라는 말이다. 에너지의 과도한 낭비, 그에 따른 기후변화가 지구촌의 멸망을 재촉하고 있다. 신자유주의의 처절한 경쟁은 승자에게도 결국 멸망을 안겨줄 것이다. 부자가 가난한 자의 생활을 걱정하지 않고, 대기업이 중소기업의 구조를 감안하여 경영하지 않으면 소외된 사람들의 삶의 여파가 결국 사회 전체를 어두움으로 몰고 갈 것이다. 큰이가 작은이를 향해 손을 내밀어야 한다는 말이다. 다시 말해 사회통합의 책임은 사회적 강자가 더 큰 몫을 담당해야 한다. 자기 혼자 따뜻하자고 얼음판 위에서 불을 지피는 어리석음을 피해야 한다.

작은이들의 벗이 되기 위해 굳이 사회통합의 열쇳말을 거론하는 것은 교회가 사회와 관계 맺는 데 별로 성공적이지 못했다는 반성을 암시한다. 교회는 늘 교회만 사랑한다는 사회의 공격에 대해 무엇인가 응답해야 할 시점에 이르렀다는 인식이다. '예장-통합'은 태생적으로 명칭상 '사회-통합'의 전면에 나설 예언자적 사명을 가졌다고 한다면 무리한 상상일까? 작은이들의 벗이 되는 방법을 모색하기 위해 사회 각 분야의 평신도 인적자원을 전면적으로 가동시켜야 할 것이다. 신학자와 목회자들만의 단독 무대가 되어서는 안 되고 사회학, 사회복지학, 경제학, 생태, 환경, 과학, 예술 등 모든 분야의 학자들과 사회현장에서 일하는 실무자들을 총동원하여 모든 지혜를 통합하여야 한다. 사회통합은 최신 첨단적 선교의 다른 이름이다. 인기 듀엣 해바라기의 노랫말이 우리의 마음을 일깨운다. "아~아~ 영원히 변치 않을 우리들의 사랑으로 어두운 곳에 손을 내밀어 밝혀주리라."